KILLER ENERGY
by Nick Arnold, illustrated by Tony De Saulles

Text copyright ⓒ 2001 by Nick Arnold
Illustrations copyright ⓒ 2001 by Tony De Saulles
All rights reserved.
Korean translation copyright ⓒ 2007 by Gimm-Young Publishers Inc.
This Korean edition was published by Gimm-Young Publishers, Inc.
in 2007 by arrangement with Scholastic Ltd. through EYA(Eric Yang Agency), Seoul.

이 책의 한국어판 저작권은 에릭양 에이전시를 통한 Scholastic Ltd.와의 독점계약으로
(주)김영사에 있습니다. 저작권법에 의하여 한국 내에서 보호를 받는 저작물이므로
무단 전재와 복제를 금합니다.

에너지가 불끈불끈

1판 1쇄 인쇄 | 2007. 5. 3.
개정 1판 1쇄 발행 | 2019. 12. 5.

닉 아놀드 글 | 토니 드 솔스 그림 | 이충호 옮김

발행처 김영사 | 발행인 고세규
등록번호 제 406-2003-036호 | 등록일자 1979. 5. 17.
주소 경기도 파주시 문발로 197(우10881)
전화 마케팅부 031-955-3100 | 편집부 031-955-3113~20 | 팩스 031-955-3111

값은 표지에 있습니다.
ISBN 978-89-349-9839-6 74080
ISBN 978-89-349-9797-9 (세트)

좋은 독자가 좋은 책을 만듭니다. 김영사는 독자 여러분의 의견에 항상 귀 기울이고 있습니다.
독자의견전화 031-955-3139 | 전자우편 book@gimmyoung.com
홈페이지 www.gimmyoungjr.com | 어린이들의 책놀이터 cafe.naver.com/gimmyoungjr

이 도서의 국립중앙도서관 출판시도서목록(CIP)은 서지정보유통지원시스템
홈페이지(http://seoji.nl.go.kr)와 국가자료공동목록시스템(http://www.nl.go.kr/kolisnet)에서
이용하실 수 있습니다. (CIP제어번호 : CIP2019031292)

어린이제품 안전특별법에 의한 표시사항
제품명 도서 제조년월일 2019년 12월 5일 제조사명 김영사 주소 10881 경기도 파주시 문발로 197
전화번호 031-955-3100 제조국명 대한민국 ⚠주의 책 모서리에 찍히거나 책장에 베이지 않게 조심하세요.

차례

책머리에	7
궁극적인 에너지	10
열역학 법칙의 발견	17
불가사의한 열	30
모든 것을 꽁꽁 얼어붙게 만들 만큼 차가운 온도	43
살인 추위	52
엄청난 에너지가 들어 있는 연료	67
우리를 움직이는 힘	91
와트의 증기 기관	99
우리의 몸은 에너지를 어떻게 만들까?	111
죽음의 열	128
이글거리는 지옥의 불구덩이	144
에너지의 종말?	159

닉 아놀드는 어린 시절부터 책을 쓰기 시작했지만, 에너지에 관한 안내서를 써서 유명해지리라고는 꿈에도 생각지 않았다. 이 책을 쓰기 위해 아놀드는 직접 증기 기관을 만들고, 철인 3종 경기에 참가하기까지 했다. 그렇지만 그는 그 모든 것을 즐겼다고 한다.

〈앗, 이렇게 재미있는 과학이!〉 시리즈에 관한 일을 하지 않을 때에는 피자를 먹거나 자전거를 타거나 썰렁한 농담을 생각한다고 한다(음, 물론 이 모든 것을 동시에 하는 것은 아니다).

토니 드 솔스는 기저귀를 차고 다닐 때부터 크레용을 집어 들고 놀았으며, 그 후로 계속 낙서와 그림을 그려 왔다. 그는 〈앗, 이렇게 재미있는 과학이!〉 시리즈에 홀딱 빠져 방사성 원자 그림을 그리는 것도 마다하지 않았다. 다

행히도 지금 그는 건강을 완전히 회복했다.

스케치북을 들고 밖으로 나가지 않을 때면 시를 쓰거나 스쿼시 게임을 즐긴다. 그렇지만 아직까지 스쿼시에 관한 시는 한 편도 쓴 적이 없다고 한다.

 책머리에

음, 여러분이 겁이 많은 사람이 아니었으면 한다. 곧 가공할 힘을 지닌 무시무시한 괴물을 만나게 될 것이기 때문이다!

이 괴물은 나이가 아주 많다(과학 선생님보다도 훨씬!). 얼마나 나이를 많이 먹었느냐 하면, 시간이 처음 생겨난 이래 흐른 시간만큼 많이 먹었다. 놀라운 사실은 이 괴물이 항상 우리 주변에 도사리고 있지만, 아무도 본 사람이 없다는 점! 그러니까 지금까지는 그랬다.

그 괴물의 이름은 '에너지'이다. 에너지 괴물은 없는 곳이 없고, 참견하지 않는 곳이 없다. 에너지는 별을 빛나게 하고, 모닥불을 불타게 할 뿐만 아니라, 느려터진 달팽이에서부터 쏜살

같은 우주선에 이르기까지 모든 것을 움직이게 한다. 그렇다고 해서 에너지 괴물이 친절한 거인이라고 지레짐작하지는 마라! 절대로 그렇지 않다. 자, 그럼 숨을 한번 깊이 들이쉬고 나서 계속 읽어 보라. 그럴 만한 용기가 있거든…….

가끔 에너지 괴물은 수백 가지 이상의 끔찍한 방법으로 사람을 죽이는 잔인한 미치광이 살인자이다. 물론 보통 과학책에서는 이런 끔찍한 이야기를 다루지 않지만, 〈앗, 이렇게 재미있는 과학이!〉 시리즈는 아무리 끔찍하고 무서운 것이라도 피해 가지 않는다. 그러니까 여러분이 정말로 알고 싶어 하는 것들을 있는 그대로 알려 주려고 한다.

● 사람이 방귀를 뀔 때 정말로 불이 붙을까?

● 왜 이 남자는 아침밥 대신에 느끼한 지방을 먹고 있을까?

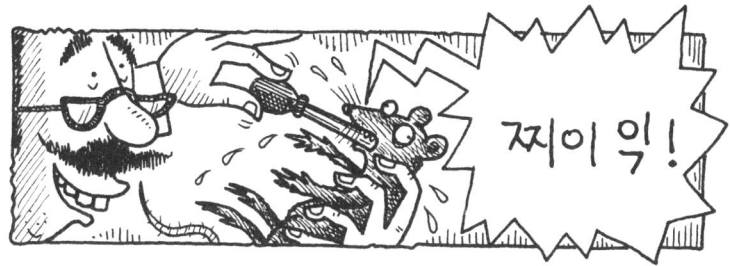

- 왜 이 과학자는 쥐에게 잔뜩 술을 먹이고 있을까?
- 거기다가 우주의 마지막 운명까지(그리고 혹시 그것이 올해의 방학을 망치지는 않을지에 대해).

그렇지만 여러분은 선생님보다 훨씬 용감하고 강하겠지? 혹시 후들후들 떨려서 다음 장을 넘길 힘도 없는 건 아니겠지?

궁극적인 에너지

여러분의 뇌는 잘 돌아가고 있겠지? 다음 질문을 생각하다 보면 여러분의 뇌가 더욱 빨리 돌아가 귀에서 증기가 뿜어 나올지도 모른다. 그러니 마음의 준비를 단단히 하도록…….

다음 물건들이 공통적으로 가지고 있는 것은 무엇인가?

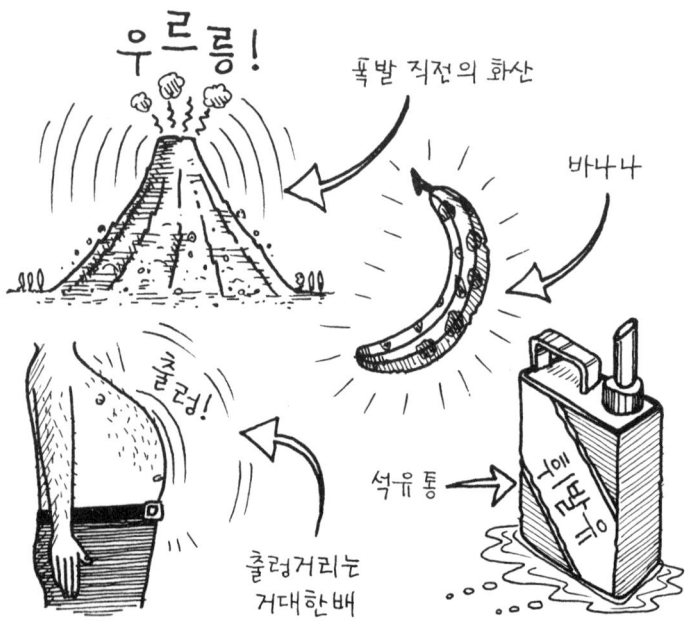

모르겠다고?
이것들은 모두 그 안에 에너지를 저장하고 있다.
화산은 열과 운동 에너지를 저장하고 있다. 화산이 폭발하면, 여러분은 도망가기 위해 많은 운동 에너지가 필요할 것이다. 바나나에도 에너지가 많이 들어 있다. 그래서인지 어떤 테니스 선수는 경기 때마다 바나나를 6개 이상 먹는다고 한다. 석유는 연료로 사용되니 곧 에너지 연료인 셈이고, 선생님의 불룩한 배에 붙어 있는 지방 덩어리 역시 음식물·에너지가 저장돼 있는 곳이다.

그럼, 이쯤에서 선생님에게 에너지가 무엇인지 물어보기로 하자. 그런데 제대로 대답을 해 주는 사람을 찾기가 어려울 것이다. 무슨 말인지 이해하지?

언제나처럼 꼭 내가 나서야 한단 말인가?

공포의 에너지에 관한 X-파일

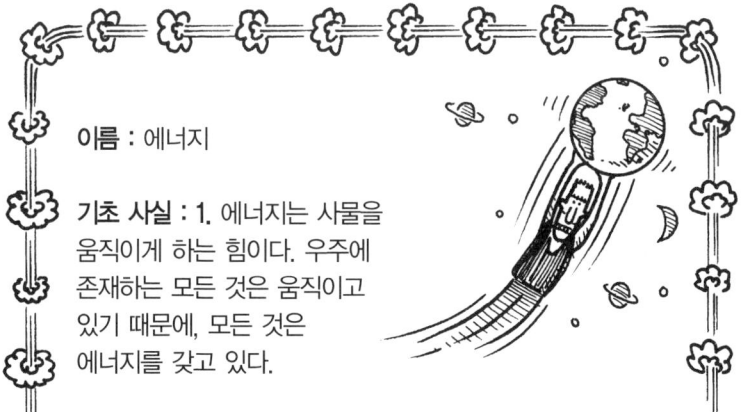

이름 : 에너지

기초 사실 : 1. 에너지는 사물을 움직이게 하는 힘이다. 우주에 존재하는 모든 것은 움직이고 있기 때문에, 모든 것은 에너지를 갖고 있다.

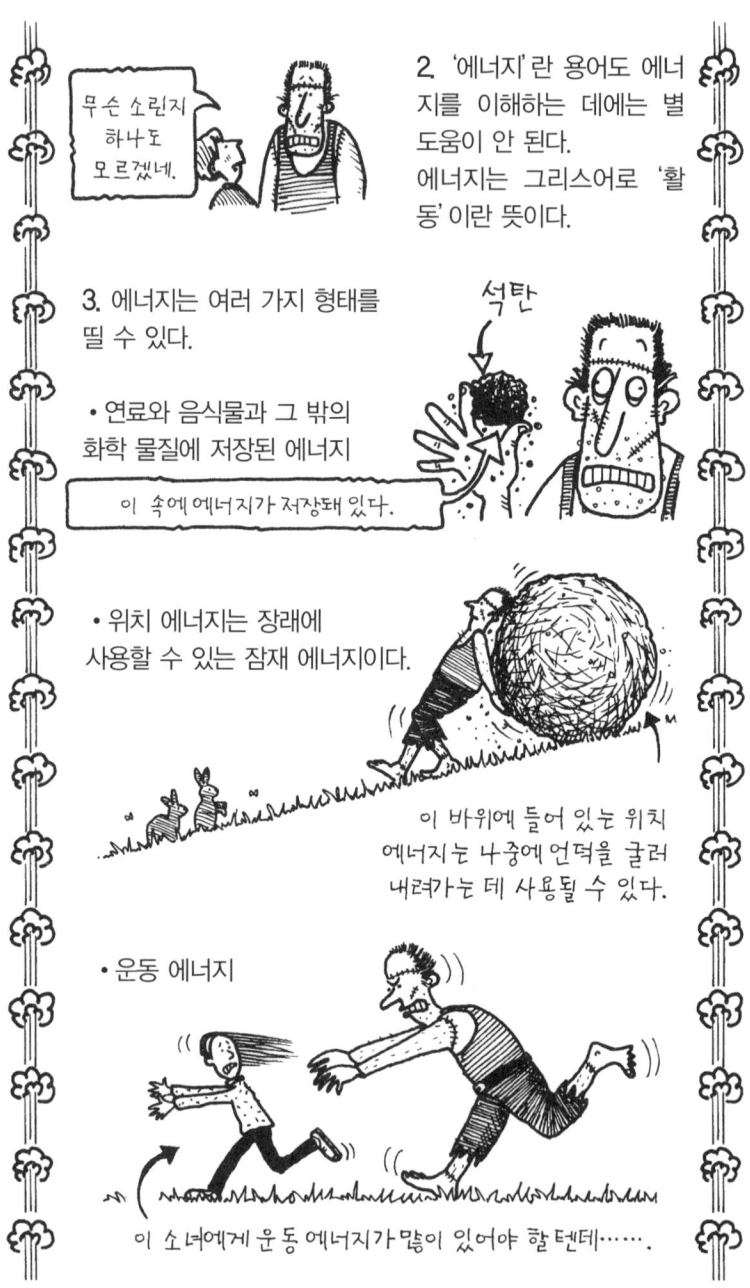

여기까지는 별로 어렵지 않지?

그러니까 에너지는 사물을 움직이게 하고, 여러 가지 형태로 나타날 수 있다. 그렇지만 처음부터 사람들이 이러한 사실을 알았던 것은 아니다. 늘 그렇지만 옛날 과학자들은 에너지에 대해 상당히 잘못된 생각을 한 적도 있었다. 자, 다음 과학자들의 주장을 들어 보자.

에너지 대논쟁

이러한 생각들은 연필 깎는 칼로 사자의 갈기를 자르려고 다가갔다가 꽁지가 빠지게 5km쯤 도망치고서는, "사자의 갈기를 싹둑 자르는 데 거의 성공할 뻔했는데……."라고 이야기하는 것만큼이나 신빙성이 없다.

1850년대가 될 때까지 많은 과학자들은 에너지를 과학적으로 설명하기 위해 이런저런 개념들을 쏟아 냈다. 그러다가 열역학 법칙이 발견되었다. 그게 뭐냐고? 다음 장에서 자세히 설명된다.

열역학 법칙의 발견

이 장에서 여러분은 열역학 법칙이 무엇인지 배우게 될 것이다. 이름부터 뭔가 거창해 보이지만, 사실은 너무나도 간단하고 쉽다. 그렇다고 다른 친구에게 열역학 법칙이 아주 쉽다는 이야기는 하지 말도록. 그래야 친구들이 여러분을 대단한 과학 천재라고 착각할 것 아닌가!

공포의 에너지에 관한 X-파일

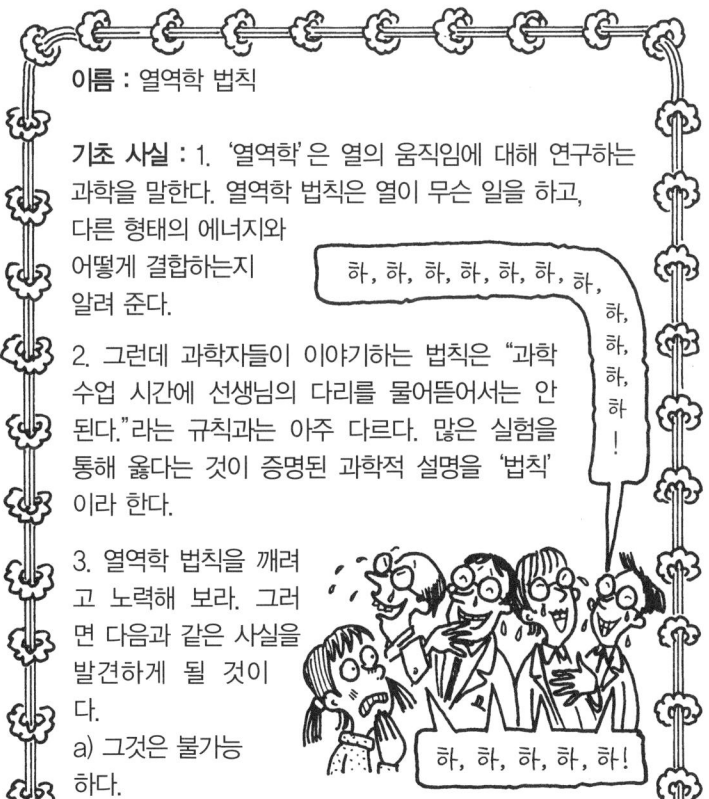

이름 : 열역학 법칙

기초 사실 : 1. '열역학'은 열의 움직임에 대해 연구하는 과학을 말한다. 열역학 법칙은 열이 무슨 일을 하고, 다른 형태의 에너지와 어떻게 결합하는지 알려 준다.

2. 그런데 과학자들이 이야기하는 법칙은 "과학 수업 시간에 선생님의 다리를 물어뜯어서는 안 된다."라는 규칙과는 아주 다르다. 많은 실험을 통해 옳다는 것이 증명된 과학적 설명을 '법칙'이라 한다.

3. 열역학 법칙을 깨려고 노력해 보라. 그러면 다음과 같은 사실을 발견하게 될 것이다.
a) 그것은 불가능하다.

b) 냉정한 과학자들로부터 비웃음을 받을 것이다. 그들은 그것이 불가능하다는 것을 알고 있으면서도 여러분을 말리지 않는데, 여러분이 어리석은 짓을 해서 웃음거리가 되는 것을 보기 위해서이다.

끔찍한 사실 : 한 과학자는 열역학 법칙을 발견하기 위해 애쓰다가 미치고 말았다. 부디 여러분은 운이 좋아야 할 텐데……

열역학 법칙은 도대체 무엇을 말하는가?

오스트레일리아에서 온 거물 기자 뺀질이 씨를 소개한다. 아마 전 세계의 기자 중에서 가장 몸집이 크지 않은가 싶다. 또 게으름 피우는 누구에게도 뒤지지 않는다.

나중에 뺀질이 기자는 에너지를 조사하러 나설 것이다. 그렇지만 여기서 우리는 그를 살살 구슬려 열역학 법칙이 무엇인지 이야기하게 했다.

열역학 법칙

사실은 난 열 에너지에 대해 잘 모른다. 그렇지만 염려 마시라. 인터넷을 뒤져 방대한 정보를 캐냈으니까.
휴, 보통 힘든 일이 아니었다.
어쨌든 아래에 열역학 법칙에 관한 진상을 소개한다.

열역학 제1법칙

에너지는 새로 만들어 낼 수도 없고, 없앨 수도 없다. 그렇지만 열 에너지를 운동 에너지로 바꾸거나 운동 에너지를 열 에너지로 바꾸는 것은 가능하다. 이건 사실이다. 만약 내가 일을 한다면 나는 운동 에너지가 더 많아지고, 열이 나면서 열 에너지도 더 많아진다. 그러니 가만히 앉아서 맥주나 마시며 에너지를 절약하는 게 낫겠다. 꺼억!

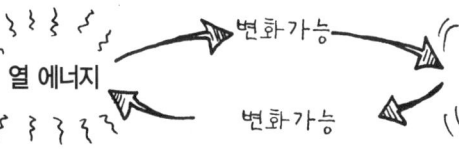

열역학 제2법칙

열 에너지는 항상 뜨거운 곳에서 차가운 곳으로 움직인다. 그래서 태양에서 온 열이 차가운 내 맥주를 미지근하게 만드는 거로군. 그런데 생각해 보니 이건 바보도 알고 있는 사실이 아닌가! 만약 열이 차가운 곳에서 뜨거운 곳으로 움직인다면, 햇볕 아래 놓아 둔 내 맥주가 점점 차가워져 꽁꽁 얼어야 할 게 아닌가! 아이고, 오늘은 그만 하자! 뜨거운 햇빛에 몸이 이미 푹 쪄 버렸다.

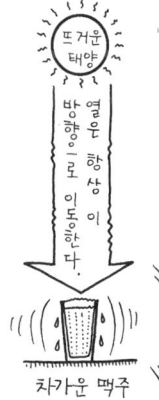

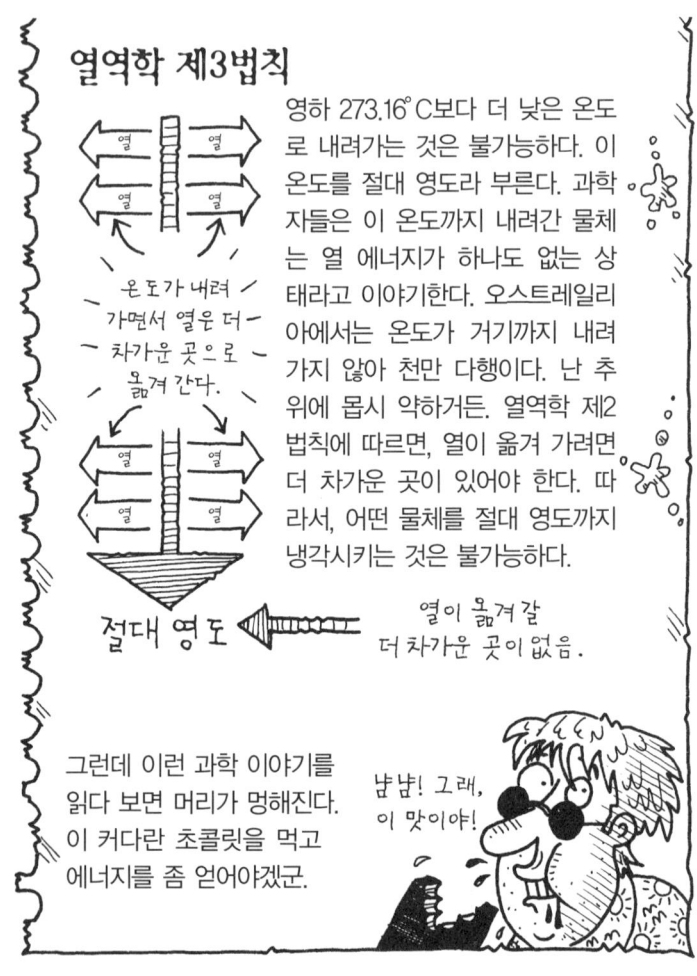

다음 두 장에서 열역학 제2법칙과 제3법칙을 더 상세히 살펴볼 것이다. 여기서는 열역학 제1법칙만 살펴보기로 하자. 그런데 열역학 제1법칙을 연구했던 한 과학자가 피에서 그 단서를 얻었다는 사실을 알고 있는지? 정말이라니까!

그러면 이제 피가 뚝뚝 떨어지는 그 소름끼치는 이야기를 읽어 보자.

명예의 전당 : 율리우스 로베르트 폰 마이어(Julius Robert von Mayer; 1814~1878) 국적 : 독일

"오, 마이 갓! 내가 실수로 동맥을 잘랐나 봐요!! 가만히 있어요. 안 그러면 피를 너무 많이 흘려 죽을지도 몰라요."

젊은 의사는 얼굴이 창백하게 변한 채 선원의 우람한 팔 밑에 받친 그릇을 잡고 있던 손을 덜덜 떨기 시작했다. 그릇에는 피가 뚝뚝 떨어져 흥건히 고였다. 선홍색으로 빛나는 그 피는 심장에서 몸으로 나가는 동맥의 피와 같은 색을 띠고 있었다.

선원은 찡그린 얼굴로 살짝 미소를 지었다. 그렇지만 그것은 애써 지은 억지 미소였는데, 팔에서는 피가 뚝뚝 떨어지고 있었고, 고열로 기진맥진한 상태에 있었기 때문이다.

"걱정하지 마세요, 의사 선생님. 이곳에서는 피가 항상 이렇게 선홍색을 띠어요. 이해가 가지는 않지만, 어쨌든 그래요."

의사는 콩닥거리는 가슴을 진정시키려 애쓰면서 피가 담긴 그릇을 내려놓았다. 그리고 아직도 팔에서 뚝뚝 떨어지는 피를 지혈하기 위해 더러운 천으로 선원의 팔을 꽁꽁 동여맸다.

1840년 당시만 해도 마이어 같은 보통 의사들은 질병을 치료하는 최선의 방법은 환자의 정맥에서 피를 뽑아내는 것이라고 믿었다. 그런데 인도네시아 자바에서 이 치료법을 사용하던 마이어는 환자의 피 색깔이 선홍색이라는 사실을 발견했다. 정맥을 통해 몸에서 심장으로 들어가는 피는 대개 암적색이게 마련인데, 이상하게도 선홍색을 띠고 있었다. 마이어는 뭔가 중요한 사실을 발견했다고 생각했다.
그러나 그 발견 때문에 마이어는 평생 고난을 겪게 된다.

마이어는 처음부터 운이 별로 좋지 않았다. 어린 시절에도 성적이 그다지 뛰어나지 않았지만, 대학 시절에는 교수들이 싫어하던 비밀 클럽에 가입했다가 퇴학당하고 말았다(요즘 선생님들은 아량이 넓기 때문에, 여러분은 〈앗, 이렇게 재미있는 과학이!〉 클럽에 가입하더라도 퇴학까지 당하진 않을 것이다).
마이어는 그 다음 해에 학교의 허락을 얻어 복학할 수 있었다. 그는 의학을 공부해 의사가 되었고, 배에 담당 의사로 승선하여 1840년에 자바까지 가게 되었다. 마이어는 선홍색 피를 보면서 생각에 잠겼다. 만약 그가 이 수수께끼를 푼 이야기를 편지로 써서 가장 친한 친구(자신의 동생인 프리츠)에게 보냈다면, 아마 다음과 같이 쓰지 않았을까…….

1841년 자바의 자카르타에서
안녕, 프리츠?
지난번 편지에서 이야기했던 붉은 피 기억하고 있니? 나는 자나 깨나 그것에 대해 계속 생각하다가 마침내 놀라운 생각이 떠올랐어.

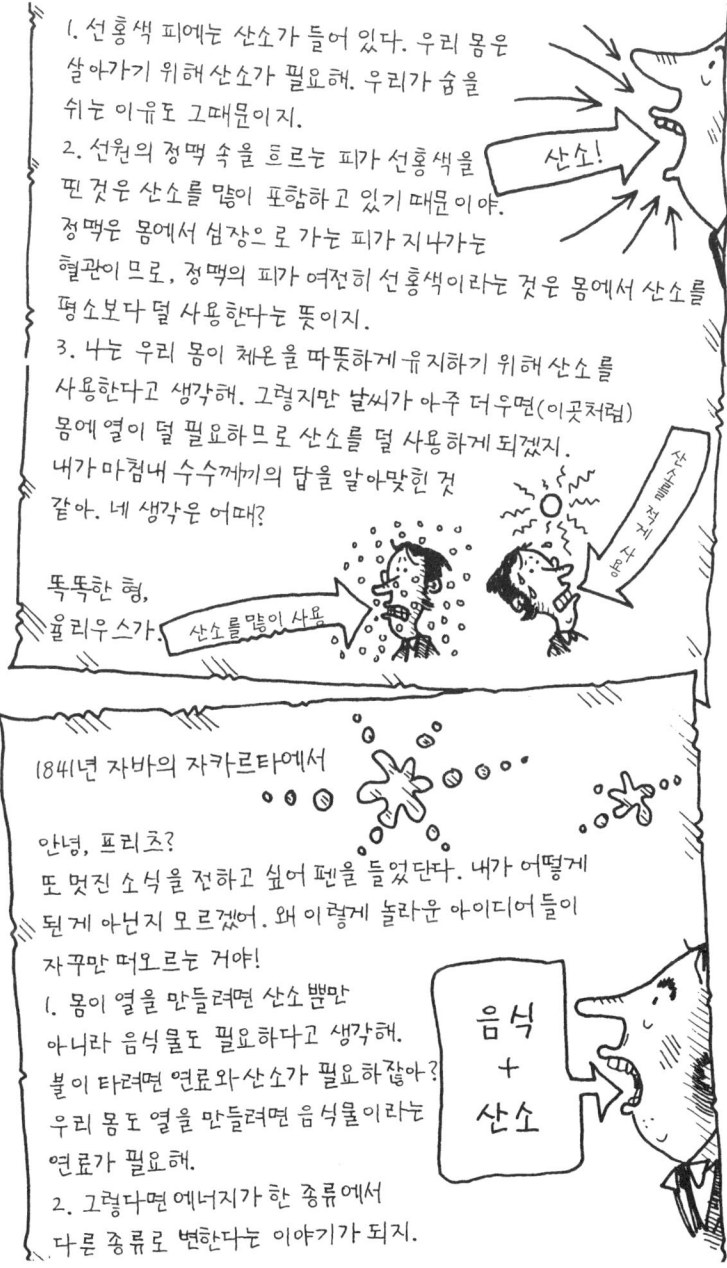

마이어의 생각은 옳았다. 그것도 두 번씩이나! 그는 놀라운 개념을 두 가지나 생각해 냈던 것이다. 마이어는 몸이 에너지를 어떻게 사용하는지 알아냈고, 열역학 제1법칙(열과 운동 에너지 사이의 관계를 말해 주는 법칙이라고 한 것 기억나지?)도 생각해 냈다. 모든 과학자들은 마이어의 이론에 감탄을 금치 못했고, 마이어는 유명해져서 그 후 행복하게 살았다…… 그랬을 것 같지?

아이쿠, 죄송! 정중하게 사과드린다. 이 책은 감상적이고 엉성한 동화책이 아니라, 끔찍한 과학에 관한 이야기였지! 마이

어는 논문을 써서 과학 학술지에 보냈으나, 그들은 아무런 답변도 보내오지 않았다. 아무도 마이어의 이론을 믿으려고 하지 않았는데, 그 이론을 증명하는 실험을 한 것이 하나도 없었기 때문이다. 그래서 마이어는 과학을 몇 달 동안 열심히 공부하여 좀 더 과학적인 용어를 써 가며 논문을 고쳐 썼다. 그러나 그 무렵에는 다른 과학자들도 같은 생각을 담은 논문을 발표하고 있었다. 그래서 열역학 제1법칙을 누가 맨 먼저 생각했느냐를 놓고 큰 논란이 일어났다.

★ 요건 몰랐을걸!

1. 유력한 경쟁자 중에 영국의 제임스 줄(1818~1889)이 있었다. 줄은 집이 아주 부자여서 학교에는 가 본 적도 없고, 집에서 가정교사에게 배웠다. 당대 최고의 과학자로 꼽히던 존 돌턴(1766~1844)도 줄의 가정교사로 일한 적이 있다.

(여러분도 부모님에게 학교를 그만두고 개인 가정교사를 붙여 달라고 하고 싶지? 뭐, 꿈속이라면 부모님이 흔쾌히 "그러렴." 하고 말할지도 모르지.)

2. 줄은 에너지 실험을 할 수 있는 개인 실험실도 갖추고 있었다. 1843년, 줄은 물속에서 노를 회전시킬 때 물의 온도를 측정함으로써 운동 에너지가 열 에너지로 변한다는 사실을 확인했다.
3. 오늘날 과학자들은 에너지의 측정 단위로 줄(joule, J)을 사용한다. 1줄은 사과를 1m 들어 올리는 것과 비슷한 에너지이다. 여러분은 이것을 할 수 있을까?

자, 그러면 다시 불운한 마이어에게 돌아가 보자.

마이어의 인생은 계속 풀리지 않았다. 그는 사랑에 빠진 여자와 결혼했으나, 일곱 자녀 중 다섯이 병으로 죽었다. 독일에서 혁명이 일어나자, 동생인 프리츠는 혁명을 지지했으나, 마이어는 반대하다가 체포되었다. 금방 석방되긴 했지만, 동생과는 영영 등을 돌리고 말았다.

마이어는 과학계에서 인정을 받지 못해 울화가 치밀었다. 어느 날, 그는 자살하기로 결심했다. 그러나 그마저도 실패하고, 가족은 그를 미쳤다고 생각해 정신병원으로 보냈다. 마이어는 10년 동안 정신병원에 갇혀 지냈다.

세월이 한참 지난 뒤에야 과학자들은 열역학 제1법칙이 옳다는 사실을 확인했다. 마이어가 무기력한 노인이 된 다음에야 영국의 왕립 학회는 그에게 금메달을 수여했다.

그러면 열역학 제1법칙이 성립한다는 것을 보여 주는 실험을 소개하겠다. 직접 해 보라! 아주 간단하니까.

직접 해 보는 실험 : 열역학 제1법칙?

준비물 :

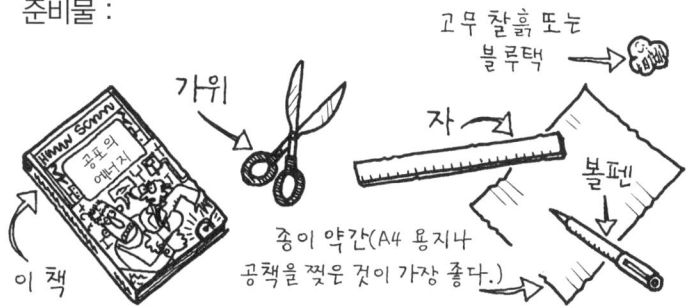

실험 방법 :

1. 아래 그림 위에 종이를 놓고, 가장자리를 따라 선을 그린다. 그리고 가운데 점선 부분(접는 부분)은 자를 사용해 그린다.

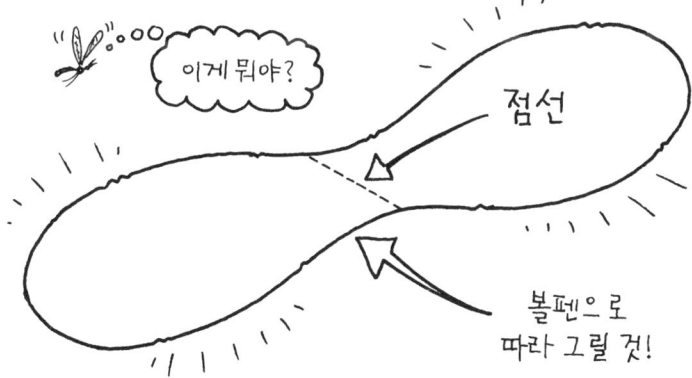

2. 이제 가장자리를 따라 가위로 날개 모양을 오려 낸다. 〈앗, 이렇게 재미있는 과학이!〉에서 오려 내지는 말 것! 특히 도서관에서 빌려 온 거라면 절대로 그래서는 안 된다. 점선을 따라 가운데 부분을 접었다가 다시 펼친다.

3. 식탁 위에 고무 찰흙을 붙이고, 거기다가 볼펜을 뾰족한 끝부분이 위로 가도록 꽂아 세운다. 볼펜을 정확하게 수직으로 세우도록 하라(자를 사용해 수직인지 확인하라).

4. 오려 낸 종이를 그림처럼 볼펜 끝부분에 걸쳐 놓는다. 양 날개가 아래쪽으로 약 45° 각도로 처지게 하라.

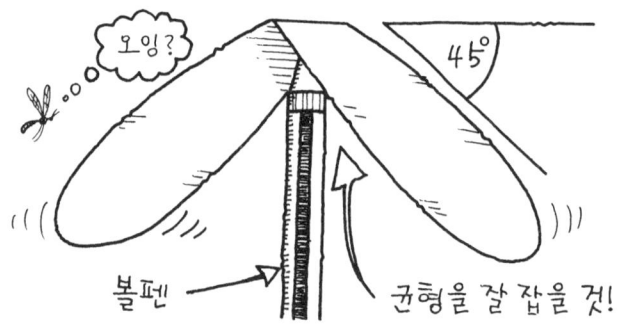

5. 1, 2분 동안 날개 모양의 종이에 무슨 일이 일어나는지 관찰하라. 그런 다음, 손으로 볼펜 주위를 둥글게 감싼다(만약 손이 차갑다면, 손을 비벼서 따뜻하게 하라).

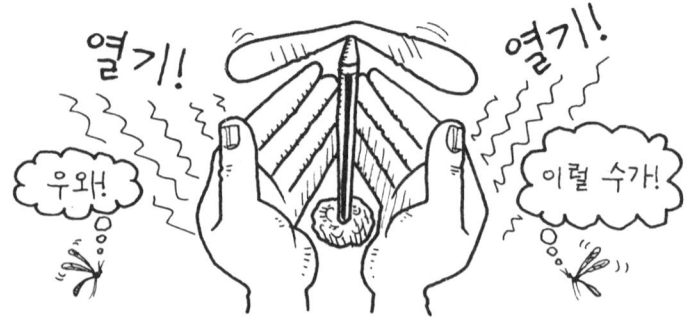

여러분이 관찰한 결과는?

a) 날개 모양이 위아래로 퍼덕인다.

b) 날개 모양이 공중으로 휙 날아오른다.

c) 날개 모양이 빙 돌다가 멈춘다. 손을 가까이 가져가면 더 빠른 속도로 움직인다.

> 답 : c) 발갱 모양이 때시에 빨르게 움직이고 나기를 손으로 대면 다시 움직이기 때문에 빨를 감아요나기 시작한다. 그랬다가 멈출 수 있다. 예를 들어 손을 가까이 가져가면 날개 모양이 빠르게 움직이다가 시작한 사람이 있을 것이다. 예술한 재생 체감이 올옹을 중음해 돈다.

이왕 열 이야기가 나온 김에 다음 장에서는 이 따끈따끈한 주제에 관해 좀 더 자세히 알아보기로 하자.

불가사의한 열

이 장에서는 열역학 제2법칙이 우주에 얼마나 큰 영향을 미치고, 소시지 하나가 역사의 흐름을 어떻게 바꾸었는지 보게 될 것이다.

열역학 제2법칙이 무엇인지 벌써 잊어버렸다고? 물이 높은 곳에서 낮은 곳으로 흐르듯이, 열도 뜨거운 곳에서 차가운 곳으로 흐른다는 지극히 당연한 원리 말이다! 다시 생각해 보니, 바로 앞에서 한 실험에도 열역학 제2법칙이 숨어 있었다.

앞에서 말했듯이, 열역학 제2법칙은 우주 전체에 아주 큰 영향을 미친다. 뜨거운 차가 담겨 있는 이 찻잔을 보라.

열역학 제2법칙에 따르면, 찻잔은 계속 열 에너지를 잃고 있다. 다시 말해서, 식어 가고 있다. 입

으로 찻잔 위로 바람을 훅 불면, 더 빨리 식을 것이다.

여러분이 분 입김은 뜨거운 차에 의해 따뜻해진 공기를 날려 보내기 때문에, 열 에너지가 더 차가운 공기로 더 빨리 이동하게 된다.

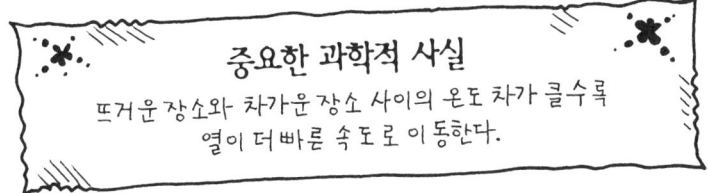

중요한 과학적 사실
뜨거운 장소와 차가운 장소 사이의 온도 차가 클수록 열이 더 빠른 속도로 이동한다.

30분쯤 지난 후에는 차가 미적지근하게 식을 것이다.

그리고 한 시간 후에는 차갑게 식어 있을 것이다.

차를 뜨겁게 하는 방법은 다시 가열하는 것뿐이다. 다시 말해서, 열 에너지를 공급해 주어야 한다.

이 원리는 전체 우주에도 똑같이 적용된다. 열역학 제2법칙은 은하에서 중력에 이르기까지, 그리고 하마에서부터 뜨거운 물병에 이르기까지 우주의 모든 것이 식어 가고 있음을 알려 준다. 여러분의 몸도 열을 잃고 있고, 지구 밖 저 먼 곳에 있는 외계인의 우주선 역시 그렇다.

* 선장님, 우리 지금 열을 잃고 있습니다!
* 젠장! 그 지긋지긋한 열역학 제2법칙 때문이로군!

 어떤 물체를 뜨거운 상태로 계속 유지하는 유일한 방법은 더 많은 열 에너지를 공급하는 것뿐이다. 다시 말해서, 여러분은 오늘 잃은 에너지를 보충하기 위해 그 끔찍한 학교 급식을 우적우적 씹어 삼킨 다음, 소화시켜서 열 에너지로 변화시키지 않으면 안 된다.
 게다가, 161쪽에 가면 열역학 제2법칙은 정말로 여러분에게 충격적인 소식을 알려 줄 것이다. 그렇지만 그 전에 열에 관해 좀 더 기초적인 것부터 살펴보기로 하자.

공포의 에너지에 관한 X-파일

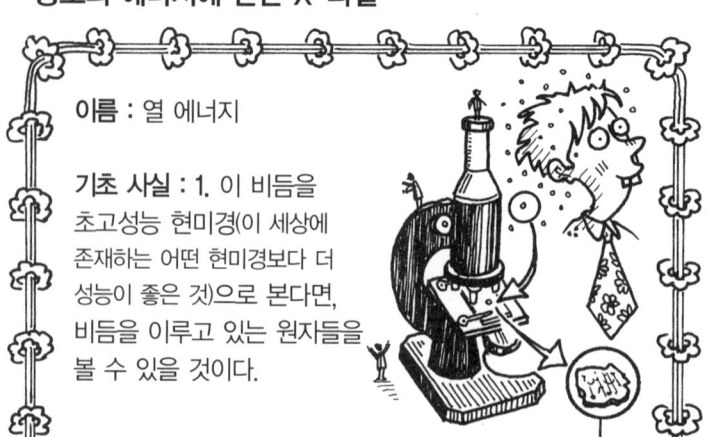

이름 : 열 에너지

기초 사실 : 1. 이 비듬을 초고성능 현미경(이 세상에 존재하는 어떤 현미경보다 더 성능이 좋은 것)으로 본다면, 비듬을 이루고 있는 원자들을 볼 수 있을 것이다.

2. 그 원자들은 진동하고 있다. 바로 이 운동이 우리가 열 에너지라 부르는 것인데, 온도가 높을수록 원자는 더 빠른 속도로 진동한다. 무슨 말인지 이해하고 있겠지?

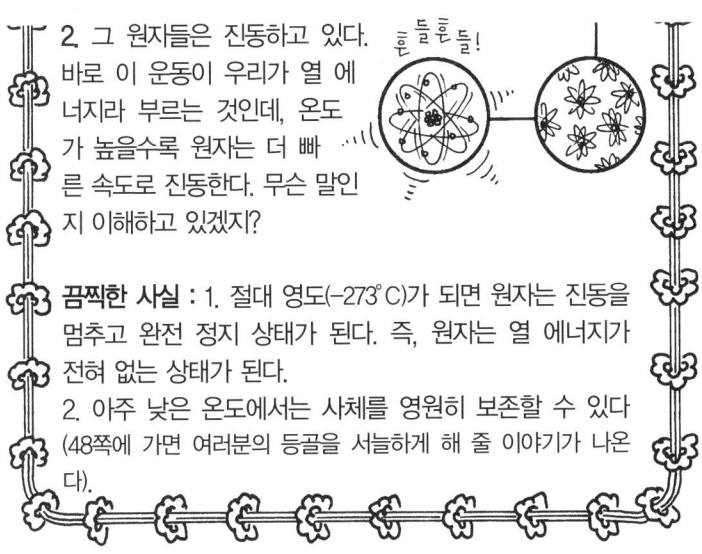

끔찍한 사실 : 1. 절대 영도(-273°C)가 되면 원자는 진동을 멈추고 완전 정지 상태가 된다. 즉, 원자는 열 에너지가 전혀 없는 상태가 된다.
2. 아주 낮은 온도에서는 사체를 영원히 보존할 수 있다 (48쪽에 가면 여러분의 등골을 서늘하게 해 줄 이야기가 나온다).

열에 관한 엉터리 이론들

과학자들이 처음부터 이런 사실을 정확하게 알았던 것은 아니다. 처음에는 엉뚱한 이론들이 많이 나왔다. 스위스 과학자 피에르 프레보(1751~1839)는 다음과 같은 주장을 펼쳤다.

물론 열의 원소라는 뜻의 그 '열소'는 뜨거운 공기가 모인 것으로 생각되었는데, 열소설은 미국 과학자 벤저민 톰프슨(1753~1814), 일명 럼퍼드 경이 아주 따분한 실험을 할 때까지 과학자들 사이에서 옳은 것으로 받아들여졌다.

톰프슨은 독일 바이에른 공국의 전쟁 장관으로 일하던 시절에 드릴로 대포의 포신에 구멍을 깎는 작업을 지켜보았다. 포신은 마찰로 인해 아주 뜨거워졌는데, 만약 열이 그렇게 많이 빠져 나온다면 조금 지난 후에는 열소가 다 흘러나오고 말 것이었다. 포신이 뜨거워지지 않고 식어야 할 텐데, 드릴 작업을 하는 동안 포신은 여전히 뜨거웠다!

그래서 톰프슨은 열은 물질일 리가 없다고 생각했다. 그것은 손을 비비면 따뜻해지는 것과 마찬가지 원리로 드릴과 포신의 마찰에서 생겨나는 일종의 에너지임이 분명했다.

1798년, 톰프슨은 왕립 학회 모임에서 자신이 발견한 이 놀라운 이론을 자신만만하게 발표했으나…… 아무도 귀를 기울이지 않았다.

별의별 희한한 온도계

열 에너지는 온도로 측정한다. 그런데 옛날 과학자들은 열을 측정하는 데 문제가 있었다. 아직 아무도 온도계를 발명하지 않았기 때문이다. 우리는 과학 골동품 가게를 수십 군데 샅샅이 훑은 끝에 아주 오래된 온도계들을 발견했다.

오랜 역사를 자랑하는 과학 골동품 전문 가게

여러분 선생님은 좀 오래되었더라도, 학교 실험실에 있는 장비들은 이만큼 오래되지 않았길 빈다.

이탈리아의 천재 갈릴레오 갈릴레이 (1564~1642)가 발명한 공기 온도 측정기는 공기와 물을 사용해 온도를 측정했다.

아인슈타인의 눈알

갈릴레이의 두개골

직접 해 보는 실험 : 온도계 직접 만들어 보기

준비물 :

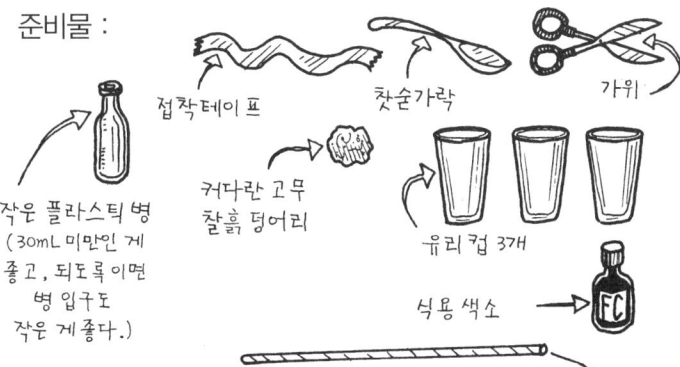

작은 플라스틱 병
(30mL 미만인 게
좋고, 되도록이면
병 입구도
작은 게 좋다.)

접착테이프

커다란 고무
찰흙 덩어리

찻숟가락

가위

유리 컵 3개

식용 색소

밝은 색의 플라스틱 빨대

실험 방법 :

1. 컵 하나에 물을 반쯤 채우고, 식용 색소 몇 방울을 첨가한 다음, 잘 젓는다.

2. 두 번째 컵은 냉장고에서 꺼낸 얼음으로 반쯤 채운다(손이 얼음에 닿지 않게 주의하라).

3. 세 번째 컵에는 뜨거운 물을 반쯤 채운다(물에도 손대지 말 것! 델지도 모른다).

4. 병에 빨대를 꽂고 고무찰흙으로 나머지 구멍을 메운다. 고무찰흙 주위를 접착 테이프로 친친 감아 빨대 외에는 어떤 공기도 병 속으로 들어가지 못하게 한다.

5. 병을 살짝 누른 다음, 빨대 끝이 색을 띤 물 속에 들어가도

록 병을 거꾸로 하여 컵 속으로 집어넣는다. 색을 띤 물이 빨대를 따라 올라올 것이다. 이제 병을 누르는 걸 멈추고, 병을 똑바로 세워 놓는다. 그러면 빨대에 색을 띤 물이 들어 있을 것이다.

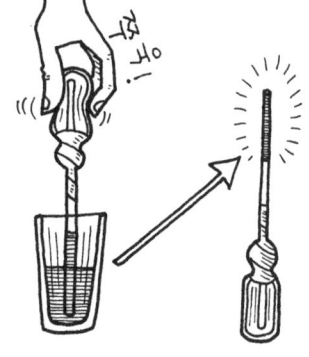

6. 그 다음에는 병을 거꾸로 하여 얼음이 든 컵과 뜨거운 물이 든 컵에 집어넣어 보라.

어떤 실험 결과가 나타나는가?
a) 빨대 속에 든 물이 얼음 속에서는 올라가고, 뜨거운 물속에서는 내려간다.
b) 빨대 속에 든 물이 얼음 속에서는 내려가고, 뜨거운 물속에서는 올라간다.
c) 빨대 속에 든 물이 얼음 속에서는 밝은 색으로 변하고, 뜨거운 물속에서는 짙은 색으로 변한다.

답 : b) 28쪽에서 원자가 진동하고 있다고 한 것 기억나지? 병 속의 공기가 가열될 때, 공기 원자들은 에너지를 얻어 사방으로 움직이려고 한다. 쉬는 시간이 되었을 때 에너지가 넘치는 학생들이 교실 밖으로 쏜살같이 뛰어나가는 장면을 떠올리면 된다.

따뜻한 공기 원자들은 빨대를 밀어 올리면서 그 속에 든 물도 밀어 올린다. 공기가 차가울 때에는 공기 원자들은 열 에너지가 적기 때문에 다른 데로 잘 가려고 하지 않는다. 추운 날, 학생들이 온기를 얻으려고 옹기종기 모여 있는 걸 떠올리면 된다.

빨대를 위에서 아래로 미는 공기의 압력 때문에 물의 높이가 내려간다. 뛰어나가는 장면을 떠올리면 된다.

★ 요건 몰랐을걸!

갈릴레이가 죽으면서 남긴 글 중에는 온도 측정기(두 물체의 온도 차를 측정하는 장비)의 설계도도 있었다. 갈릴레이는 자신의 유작 원고를 빈센초 비비아니(1622~1703)에게 남겼다.

그러나 비비아니가 죽자, 그의 가족들은 갈릴레이의 원고가 아무 쓸모없는 것이라고 생각하고는 소시지를 포장할 종이를 구하던 소시지 장수에게 팔았다. 그 후, 한 과학자가 소시지를 먹다가 포장지에 적힌 글을 보았다. 그는 소시지 포장지를 몽땅 사들였는데, 그중에는 온도 측정기의 설계도도 있었다. 이렇게 해서 사라질 뻔했던 갈릴레이의 위대한 발견들이 소시지 덕분에 다시 살아났다!

온도에 관한 신기한 사실

1. 과학자들에겐 여전히 골치 아픈 문제가 남아 있었다. 온도계들이 발명되었지만, 온도 눈금을 어떻게 매겨야 할지 제각각 의견이 달랐기 때문이다. 과학자들은 각자 나름대로 온도를 측정했는데, 이 때문에 열띤 논쟁이 벌어졌을 것은 보지 않아도 눈에 선하다.

2. 최초로 널리 사용된 온도 체계는 파렌하이트가 만든 것이었다. 그래서 온도 체계를 파렌하이트의 이름에서 따 화씨 온도라 부른다.

3. 파렌하이트는 실험실에서 화학 물질을 혼합해서 만들 수 있는 가장 낮은 온도를 0도로 정했다. 이 온도 체계에 따르면, 물은 32도에서 얼고, 우리의 체온은 96도(이것은 32도에 3을 곱한 것과 같다)가 된다. 그러나 파렌하이트는 계산을 잘못했다. 체온은 약 98.6도이기 때문에, 그가 만든 온도 체계에는 결함이 있었다.

4. 파렌하이트의 온도 체계는 오늘날 미국에서 사용되고 있지만, 다른 나라들은 스웨덴 과학자 안데르스 셀시우스(1701~1744)가 만든 온도 체계를 따르고 있다. 이 온도를 셀시우스의 온도 체계란 뜻으로, 섭씨 온도라 부른다.

셀시우스는 천문학 교수인 아버지 밑에서 자라난 셀시우스는 어릴 적부터 수학과 과학에 관심이 많았다. 그는 탐험을 좋아해 핀란드 북부 지방 탐험 여행을 두 차례 다녀오기도 했다. 그곳에서 셀시우스는 북극광을 연구했고, 관측을 통해 지구가 북극점 지점에서 약간 납작하다는 사실을 증명했다.

5. 셀시우스는 물이 끓는 온도를 0도로 하고, 얼음이 녹기 시작하는(혹은 물이 얼기 시작하는) 온도를 100도로 하고, 그 사이를 100등분한 온도 체계를 만들었다. 숫자를 잘못 쓴 게 아니냐고? 아니다, 제대로 쓴 것이다. 셀시우스는 이처럼 처음에는 온도를 오늘날과는 거꾸로 매겼는데, 그 후에 그것을 바로잡은 사람이 누구인지는 알려져 있지 않다. 어쨌든 과학자들은 아주 신중하게 고심한 끝에 그렇게 결정했을 것이다.

물이 어는 이야기가 나왔으니 하는 말인데, 다음 장에는 여러분의 간담을 꽁꽁 얼어붙게 만들 만큼 서늘한 이야기가 나온다. 사실, 다음 장은 따뜻한 차를 1000분의 1초 만에 꽁꽁 얼어붙게 할 만큼 차갑다.

옷은 따뜻하게 입고 왔겠지?

모든 것을 꽁꽁 얼어붙게 만들 만큼 차가운 온도

과학은 여러분을 꽁꽁 얼어붙게 만들 수도 있다! 이 장과 다음 장은 열 에너지를 잃으면 어떤 일이 일어나는지 살펴볼 것이다. 이른바 극저온 과학의 세계를 맛보게 될 것이다.

냉동 기술의 발전

열역학 제3법칙이 뭔지 기억하고 있는지? 그러니까 온도가 절대 영도보다 더 아래로 내려갈 수 없다는 법칙 말이다(기억이 가물가물하다면 20쪽을 참고하라). 그런데 이 법칙을 연구한 과학자 중 한 사람이 불과 열 살 때 대학에 입학했다는 사실을 알고 있는가? 그는 이미 오래 전에 죽었지만, 마지막으로 한 번 더 인터뷰를 하기 위해 그를 잠깐 되살리기로 했다.

명예의 전당 : 윌리엄 톰슨(William Thomson; 1824~1907)

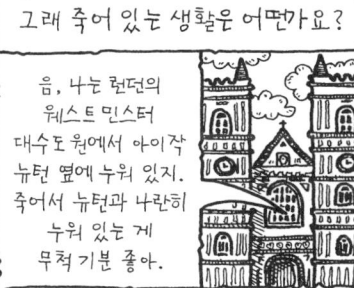

		맞아, 그래서 모든 사람의 질문에 대답해 줄 수 있게 되었지.
최초의 대서양 횡단 전신 케이블을 부설하는 작업에도 자문을 해 큰 돈을 벌었죠?		

그런데 과학 연구에서 실수를 한 것도 있더군요.	 엥?	예컨대, 태양열이 석탄이 타서 나온다고 하셨죠?	 그런데 아직도 석탄이 바닥나지 않았대?

★ 요건 몰랐을걸!

1. 절대 온도에서 1도의 간격은 섭씨 온도의 1도 간격과 똑같지만, 시작점인 0도가 물이 어는 온도가 아니라 절대 영도에서 시작된다는 점이 다르다. 절대 온도는 원자의 열 에너지를 과학적으로 측정하는 데 사용하며, 절대 온도의 단위 K는 켈빈 경의 이름에서 딴 것이다.
2. 톰슨은 과학에 기여한 공로를 인정받아 켈빈 경이라는 작위를 받았다. 그는 켈빈이라는 이름을 스코틀랜드 글래스고에 있는 작은 강에서 땄다고 한다.

차이점을 찾아보세요.

켈빈 강 / 켈빈이 아주 많은 뜨거운 판 / 손을 덴 켈빈 경

모든 것이 꽁꽁 얼어붙는 얼음의 땅에 온 것을 환영합니다!

추운 것을 두려워하지 않는 사람이라면, 내복과 따뜻한 양말을 한 켤레 더 챙긴 다음, 절대 영도에 가까운 곳에서 스키를 즐기는 걸 상상해 보라. 아, 참! 좋지 않은 소식이 있었지! 지구에서는 그런 장소를 찾을 수 없다. 그런 장소를 찾으려면 우주 공간으로 나가지 않으면 안 된다.

★ 요건 몰랐을걸!

햇빛이 전혀 미치지 않는 우주 공간의 온도는 절대 온도로 겨우 1~2도밖에 안 된다. 이것이 얼마나 추운 온도냐 하면, 우주선에서 밖으로 소변을 내뿜으면 즉각 얼어서 아름다운 황금빛 결정 줄기로 변하고 만다! 한 우주 비행사는 우주에서 본 가장 아름다운 광경이 무엇이었느냐고 질문하자, 이렇게 대답했단다.

> 그야 해질 무렵에 밖으로 던진 오줌이지요!

자, 그럼 썰렁한 광고를 몇 개 보고 나서 계속 이야기하기로 하자.

얼음 천국 회사가 제공하는 최신 제품!

서늘한 스릴을 원하세요?

이 초냉각 헬륨을 한번 사용해 보세요. 이것은 비행선에 집어넣는 가벼운 기체이지만, 그것을 -272.2°C까지 냉각시킨 것이랍니다. 헬륨 기체가 액체로 변해 유리병의 벽을 타고

이럴 수가!

위로 기어오르는 것을 보여 주어 친구들을
놀라게 하고, 고양이를 공포에 질리게 해 보세요.

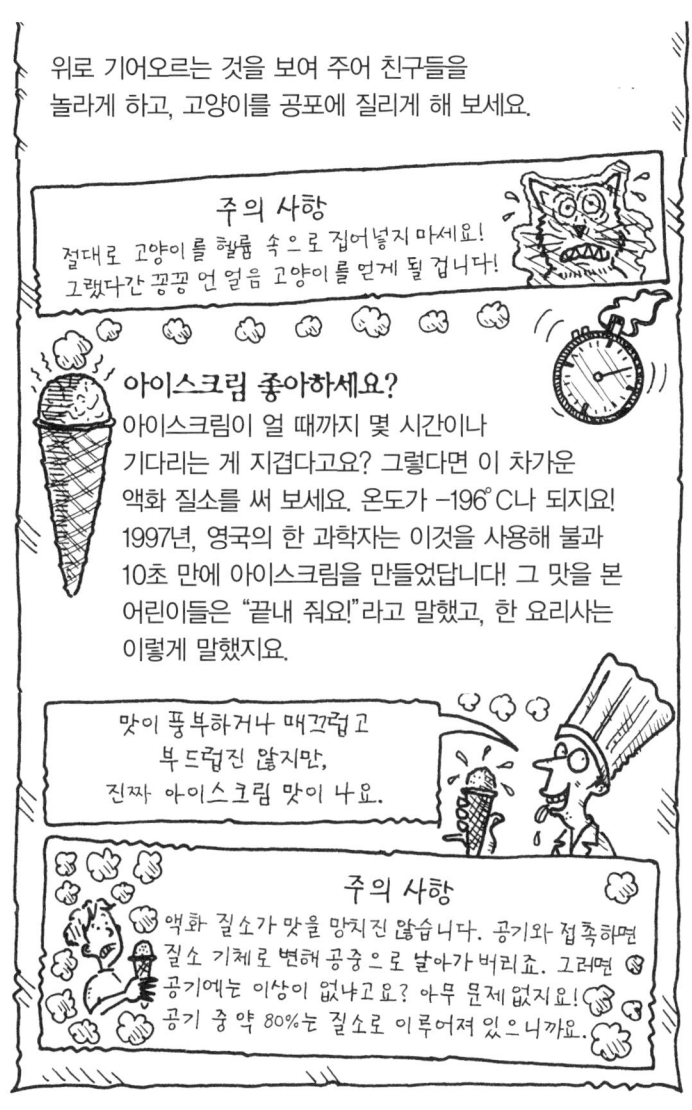

주의 사항
절대로 고양이를 헬륨 속으로 집어넣지 마세요!
그랬다간 꽁꽁 언 얼음 고양이를 얻게 될 겁니다!

아이스크림 좋아하세요?
아이스크림이 얼 때까지 몇 시간이나 기다리는 게 지겹다고요? 그렇다면 이 차가운 액화 질소를 써 보세요. 온도가 −196℃나 되지요! 1997년, 영국의 한 과학자는 이것을 사용해 불과 10초 만에 아이스크림을 만들었답니다! 그 맛을 본 어린이들은 "끝내 줘요!"라고 말했고, 한 요리사는 이렇게 말했지요.

맛이 풍부하거나 매끄럽고
부드럽진 않지만,
진짜 아이스크림 맛이 나요.

주의 사항
액화 질소가 맛을 망치진 않습니다. 공기와 접촉하면 질소 기체로 변해 공중으로 날아가 버리죠. 그러면 공기에는 이상이 없냐고요? 아무 문제 없지요! 공기 중 약 80%는 질소로 이루어져 있으니까요.

그런데 액화 질소를 사용해 아이스크림을 만들 생각이라면, 이걸 꼭 명심하라. 만약 액화 질소 속에 손가락을 집어넣었다간 꽁꽁 얼어붙어 부러질지도 모른다! 설마 손가락 아이스크림을 만들 생각은 아니겠지?

　신체를 액화 질소에 집어넣는 이야기가 나왔으니 하는 말인데, 죽은 후에 바로 이 방법으로 자신의 시체를 냉동 보존하려는 사람들에 대한 이야기를 들어 보았는가?

　겁 모르는 기자인 뺀질이 씨가 그 진상을 파헤치기 위해 출동했다.

뺀질이 기자의 대모험

내가 겁을 모른다고? 무슨 허튼수작이야! 좋다, 솔직하게 다 털어놓지 뭐.
나는 아주 오랫동안 잡지 《체험! 극한 상황》에 글을 쓰면서 살아왔다. 나는 헬리콥터에서 번지점프를 한 이야기, 거대한 백상아리와 함께 바다 밑으로 잠수한 이야기, 사막 횡단경주에 나선 이야기 등을 썼다. 그런데 그것들은 모두 새빨간 거짓말이었다! 내가 상어에 가장 가까이 다가가 본 것은 텔레비전에서 방영하는 자연 다큐멘터리 프로그램을 봤을 때였다. 뭐 그 정도만 해도 충분히 위험한 일이 아닌가? 그런데 편집 주간이 마침 내 사실을 알게되었는데, 내게 일말의 동정심도 느끼지 않았다.

화난 편집 주간

편집 주간은 기분 나쁜 미소를 씩 짓더니 인체 냉동 보존술에 관한 심층 취재를 해 오라고 지시했다.

사실, 난 별로 내키지 않았다. 그 이야기를 듣는 순간, 벌써 몸에 소름이 쫙 돋았다.

그렇지만 나는 멋진 계획이 떠올랐다! 죽은 시체로 변장하기로 한 것이다. 동료인 샐리가 슬픔에 잠긴 가족의 역할을 맡아 수다를 떨어 줄 것이다 (샐리의 너스레는 세상에 당할 자가 없다). 나는 그저 가만히 누워서 듣기만 하면 된다. 그래서 나는 관 속에서 굶어 죽지 않도록 감자 칩 다섯 봉지와 샌드위치를 챙겼다. 그렇게 해서 나는 어느 냉동 전문 장의사의 시체 안치소에 누워 있게 되었다.

의사가 말했다. "먼저 시체에서 피를 몽땅 뽑아 낸 다음, 부동액과 여러 가지 화학 물질을 채워 넣을 것입니다."

나는 약간 불안해졌다. 무엇보다도 방금 의사가 한 말이 마음에 들지 않았다. 그리고 죽어서 가만 있자니 배가 아주 고팠다.

한편, 의사는 하던 이야기를 계속했다. "그 다음에는 시체를 액화질소에 집어넣어 보존합니다. 시체에서 열을 없애 세균을 죽임으로써 시체가 썩지 않도록 하는 것이지요. 그리고 불쌍한 고인을 사망에 이르게 한 질병의 원인과 치료법을 과학자들이 찾아낼 때까지 기다렸다가 뺀질이 씨를 해동시켜 소생시키지요."

불쌍한 고인이라니! 내가 왜 불쌍한 고인이란 말인가! 샐리가 마침 내가 궁금해하던 것을 지적했다. "그런데 화학 물질이 신체를 손상시키지 않을까요? 또 냉동될 때 신체 내부에 얼음 결정이 생기면서 신체를 회복 불가능하게 망치지 않을까요?"

난 샐리가 우리 잡지사의 과학 전문가라는 사실을 깜빡 잊고 있었다. 의사는 약간 당황한 기색을 보였다.

두 사람이 수다를 떨고 있는 동안 나는 한쪽 눈을 살짝 떠서 주위를 둘러보았다. 여기저기 플라스크 속에 시체 조각들이 들어 있는 걸 보고 등골이 오싹했다. 나는 그 시체들만큼이나 몸이 오싹 얼어붙었다.

"비용은 얼마인가요?"
샐리가 물었다.
"어떻게 보존하느냐에 따라 달라요. 전신을 냉동 보관하는 데에는 1억 원, 머리만 잘라 보관하는 데에는 5000만 원입니다. 마침 특별 할인 기간이라 아주 싸게 해 드리는 겁니다."
뭐, 머리만 잘라 보관을 해?
"그만둬, 샐리!" 내가 비명을 지르며 관에서 벌떡 일어나 앉았다.
그러자 의사가 비명을 지르면서 혼비백산해 달아나고, 샐리는 화난 표정으로 나를 노려보았다. 그 뒤에 내가 샐리와 편집 주간에게 얼마나 혼이 났는지는 상상에 맡기겠다.

　신체 냉동 보존술은 미국에서 인기를 끌고 있으며, 이미 냉동 보존 중인 신체와 머리가 상당수 있다. 어떤 사람들은 기르던 개를 냉동 보존하기도 했다. 그러나 이 사업을 운영하던 일부 회사가 파산하는 바람에 보존 중이던 시체들이 녹아서 역겨운 냄새를 풍기게 되었다.
　음, 그런데 냉동 시체를 찾으려고 액화 질소 통을 들여다보며 다닐 필요까지는 없다. 극지방에 가면 아주 많이 널려 있으니까. 그들은 어떻게 그곳까지 갔고, 신체에 꼭 필요한 열 에너지가 낮아졌을 때 신체에 어떤 일이 일어났는지 궁금하지 않은가? 그렇다면 어서 다음 장으로 가 보라. 등골을 서늘하게 만들 사실들이 기다리고 있을 테니까…….

살인 추위

이 장은 앞장보다 훨씬 따뜻하지만, 그래도 여러분의 몸을 꽁꽁 얼어붙게 하기에는 충분하다. 이 다음의 장들은 여러분의 손가락을 태울 만큼 충분히 따뜻하지만, 이 장에서는 손가락이 얼어서 떨어져 나갈 위험이 있으니 조심하라! 이 장에는 열 에너지가 적으면 어떻게 물이 얼고 또 사람까지 어는지, 죽음의 추위에 관한 이야기가 나온다.

나도 외과 의사가 될 수 있을까?

자, 외과 의사가 되었다고 상상해 보자. 환자의 뇌 속에 있는 혈관이 크게 부풀어 올랐다. 곧 혈관이 터져 뇌 속에 피가 흥건히 고이면 생명이 위험해진다. 자, 어떻게 해야 할까? 빨리 결정을 내리지 않으면 안 된다!

a) 두개골을 잘라 액화 질소를 뿜어 넣어 피를 얼려 흘러나오지 못하게 한다.
b) 두개골을 잘라 뇌 주위에 얼음 조각을 채워 넣어 혈관이 부풀어 오르지 않게 한다.
c) 환자의 몸을 얼음 속에 집어 넣어 체온이 떨어지면 피를 절반쯤 뽑아낸 다음 뇌 수술을 한다.

> 답: ㄷ) 오싸레를 입어서라도 대서 활동이 불가지능 때문이야. 기가 크게 발달한 지역은 홍콩연안생태지역 산과 기엘트, 기가 조약 해야연안이 불가피해서, 프랑스 아오르마를 지시고 있다 수 있는 가장 북극하 시간을 가질 수 있을 것이다. 지기 이 외해 1960년대 이전의 곳 전 곧 곧 발동국에서도 지 수 있다. 다시기아에서 피프를 마아어내 다른 그물을 수 있다. 롤이 좋은 시아의 대용을 피프를 공중에 다시 집어넣었다.

★ 요건 몰랐을걸!

1983년, 러시아가 남극 대륙에 설치한 보스토크 기지에서 −89.2°C라는 온도가 기록되었다. 이게 얼마나 추운 온도냐 하면, 끓는 차를 공중으로 휙 던지면 차 향기가 나는 아이스 캔디로 변해 땅바닥에 떨어진다!

어때? 방학 때 남극 대륙에 놀러 가고 싶은 생각이 팍 들지? 그렇다면 순전히 얼음만으로 지은 호텔에서 하룻밤 묵어 보는 것은 어때? 실제로 그런 곳이 있는데, 나라면 아마도 광고지를 다음과 같이 만들지 않았을까 싶다.

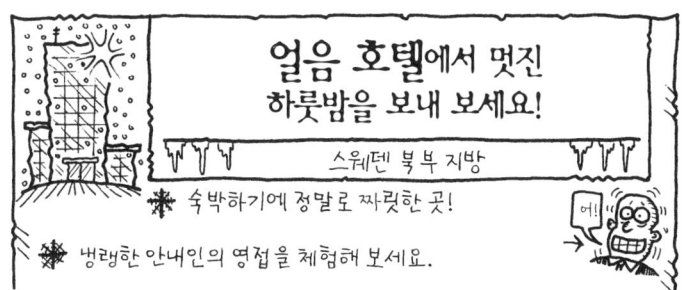

❄ 아이스 바에서 분위기를 즐겨 보세요(아이스 바는 이름 그대로 얼음으로 지운 바랍니다). 여기서는 음료수도 얼음으로 만든 그릇에다 얼음을 채워 제공합니다.

❄ 그리고 환상적인 침실에서 푹 쉬세요.

**** 주의 사항 ****

1. 여러분의 침실과 침대도 순전히 얼음으로 만들어져 있습니다. 난방을 하면 호텔이 녹을 수도 있기 때문에 여러분은 그냥 얼음 속에서 자야 합니다. 그래도 편안한 매트리스와 침낭을 제공하며, 여러분이 우스꽝스러운 빵모자를 쓰더라도 저희는 절대로 웃지 않을 것임을 약속 드립니다.

2. 다음에도 꼭 들러 주세요. 물론 봄이 되면 얼음 호텔은 녹아내릴 테지만, 겨울이 되면 다시 새 호텔을 지을 겁니다. 틀림없이요!

그런데 이 이야기가 에너지와 무슨 관계가 있단 말인가?

공포의 에너지에 관한 X-파일

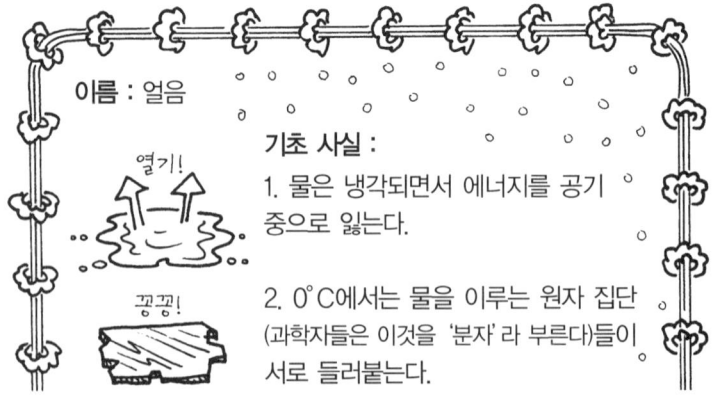

이름 : 얼음

기초 사실 :

1. 물은 냉각되면서 에너지를 공기 중으로 잃는다.

2. 0°C에서는 물을 이루는 원자 집단 (과학자들은 이것을 '분자'라 부른다)들이 서로 들러붙는다.

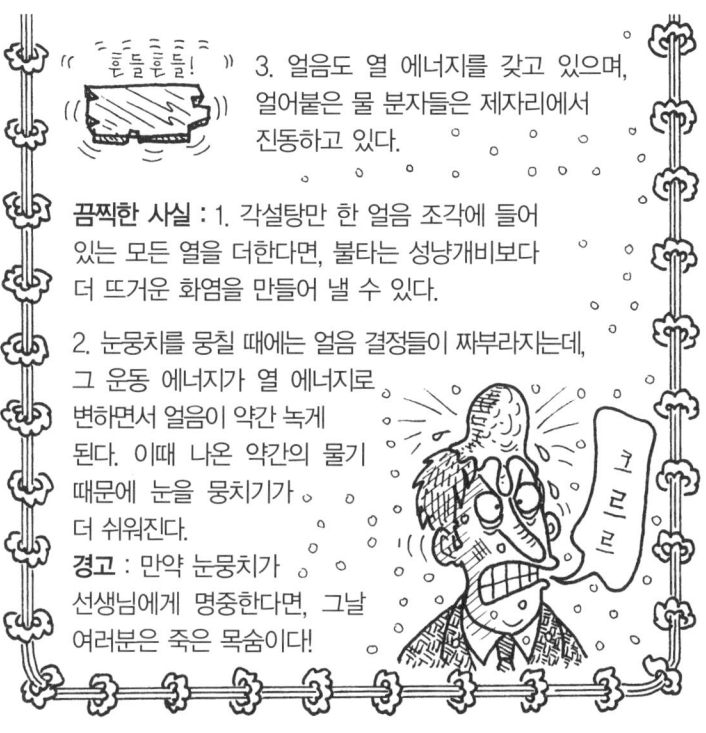

3. 얼음도 열 에너지를 갖고 있으며, 얼어붙은 물 분자들은 제자리에서 진동하고 있다.

끔찍한 사실 : 1. 각설탕만 한 얼음 조각에 들어 있는 모든 열을 더한다면, 불타는 성냥개비보다 더 뜨거운 화염을 만들어 낼 수 있다.

2. 눈뭉치를 뭉칠 때에는 얼음 결정들이 짜부라지는데, 그 운동 에너지가 열 에너지로 변하면서 얼음이 약간 녹게 된다. 이때 나온 약간의 물기 때문에 눈을 뭉치기가 더 쉬워진다.

경고 : 만약 눈뭉치가 선생님에게 명중한다면, 그날 여러분은 죽은 목숨이다!

여러분의 건강을 위한 경고!

연못에 얼음이 얼 때엔 가장자리부터 언다. 그러니 가장자리가 꽁꽁 얼었다고 안심하고 가운데로 걸어가는 것은 위험하다. 얼음 구멍에 빠지면 나오기가 무척 어렵다!

선생님을 골려 주는 질문

쉬는 시간에 선생님이 냉장고에서 우유를 꺼내 따끈한 차에 타는 때를 골라 교무실 문을 똑똑 두드려라.

답 : 얼마나 똑똑한 말인가! 훌륭한 질문에 선생님은 기뻐할 것이다. 그 냉장고는 훌륭한 냉장고이니까 그 동안에 수납업자와 수리업자를 소개시켜야 한다고 동생의 답을 줄 것이다.

냉장고의 작동 원리

냉장고의 관 속에는 기체로 변할 수 있는 액체 화학 물질이 들어 있다. 기체로 변하려면 열 에너지가 필요하기 때문에, 냉장고 내부로부터 열을 흡수한다.

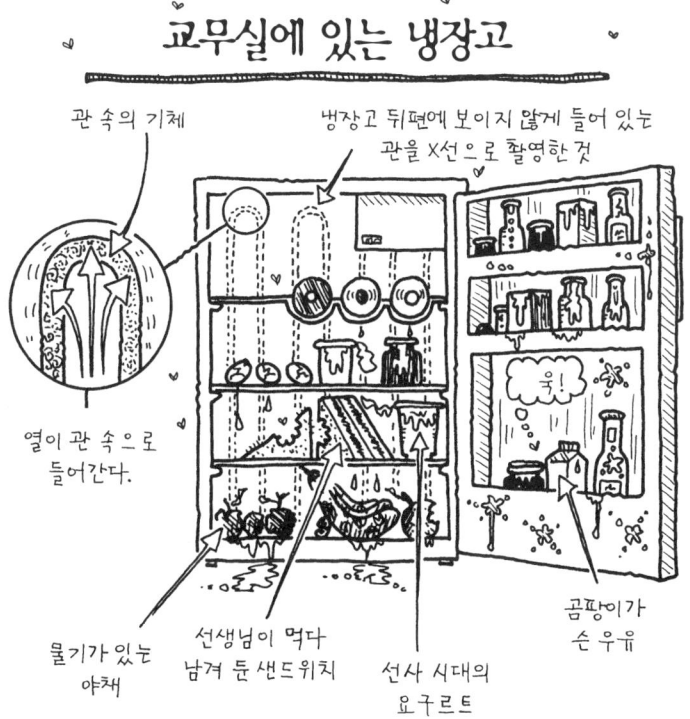

사실, 냉장고는 냉각시키는 일보다는 가열하는 일을 더 많이 한다. 펌프가 기체를 냉장고 뒤쪽에 있는 관 속으로 밀어 보내면, 거기서 기체가 액체로 변하면서 냉장고 내부에서 흡수한 열 에너지를 그곳에서 내보낸다. 펌프 모터가 내뿜는 열을 감안한다면, 냉장고는 여러분이 먹는 아이스크림에서 뽑아낸 것보다 더 많은 열을 만들어 낸다.

★ 요건 몰랐을걸!

얼음은 시끄럽다. 여러분 입속에 넣고 오독오독 씹을 때 나는 소리를 말하는 게 아니다! 북극해와 남극해에서는 얼음 밑을 지나가는 물의 움직임 때문에 얼음이 큰 압력을 받는다. 그 결과, 소리(그리고 약간의 열)의 형태로 에너지를 잃게 된다. 탐험가들은 웅얼거리는 소리, 삐걱거리는 소리, 신음하는 소리, 새 울음소리, 주전자 끓는 소리 등을 들었다고 보고했다. 심지어 어떤 사람은 밴조(미국 민요나 재즈 따위 경쾌한 음악의 반주에 쓰이는 현악기) 연주 소리를 들었다고 말했다.

아주 추운 곳에서도 살아가는 생물이 많이 있다는데, 그것을 알아보러 나설 사람으로는 우리의 희망, 뺀질이 기자 말고 누가 있겠는가? 신체 냉동 보존술 회사에서 창피스럽게도 쓰라린 실패를 경험한 뺀질이 기자는 실수를 만회하기 위해 짐을 싸서 북극 지방으로 떠났다. 이번에 부여된 임무는 유명한 탐험가 불도저 씨가 지나갔다는 북극 서바이벌 코스를 따라가면서 보고하는 것이다.

뺀질이 기자의 대모험

나는 편집 부장에게 추위는 참지 못한다고 말했다. 그렇지만 나는 그 사이 혼자 버려졌다. 아, 춥고 배고프다……

너무나도 춥고 배고파서 딴생각은 전혀 나지 않는다. 낙동강 오리알 신세가 된 것도 서러운데, 콧물까지 꽁꽁 얼어붙었다! 콧구멍에 기다란 고드름 두 개가 주렁주렁 매달려 있다. 나는 통조림을 열기로 결정했다. 열 에너지를 얻기 위해 음식을 섭취해야겠다. 그러나 통조림 안에 든 것은 너무 차갑고 딱딱해 이빨이 부러질 것 같다. 이번에는 양치를 하려고 치약을 짰더니 치약이 꽁꽁 얼어붙어 나오지 않았다. 으! 그 망할 편집 부장! 나는 서바이벌 코스를 생략하기로 결정했다. 흥! 내가 물고기를 잡고, 이글루를 짓는다 해도 편집 부장은 알 리가 없다. 그래서 나는 가져온 책을 펴 보았다. 그것은 늙은 영국인 의사가 쓴 것인데, 그 중에 쓸 만한 내용이 있을 것 같았다.

와들와들!

내가 알고 있는 질병
내멋대로 박사 씀

제14장 추위의 효과

추워서 감기가 걸린다고 생각하는 사람은 오직 멍청한 환자뿐이다. 사실은 추위는 감기의 원인이 되는 병원균을 죽인다. 그렇지만 해마다 눈에 몸이 젖어서 감기에 걸렸다고 주

계속……

장하는 사람들 때문에 지겨워 죽겠다. 그렇게 박박 우기면서도 나보고 병을 고쳐 달라고 요구한다!

눈 속에서 헤맨 사람들에게 흔히 나타나는 증상은 동상이다. 동상은 몸속의 열에너지를 보존하기 위해 피부에 있는 혈관들이 막히기 때문에 발생한다.

이때 촉감을 느끼는 신경 말단이 마비되는데, 아주 추울 때 몸에 감각이 없어지는 것은 이 때문이다. 이것은 가벼운 동상의 증상이다.

이 부위에 산소가 제대로 공급되지 않기 때문에, 조직이 죽기 시작한다. 심한 경우에는 물집이 생기고, 피부가 검은색으로 변한다.

잠시 후 동상에 걸린 부위가 썩으면서 악취가 나기 시작한다.

최근에 동료인 멀뚱이 박사가 스키 여행을 떠났다.

이 멍청이는 보온 양말을 가져가는 걸 깜빡하는 바람에 엄지발가락이 동상에 걸렸다. 쌤통이다, 멍청이!

나는 전화로 그에게 발가락을 문지르지 말라고 말해 주었다.

그랬다간 발가락에 손상을 입힐지도 모른다.

멀뚱이 박사

"따뜻한 물속에 발가락을 담그고, 얼른 의사한테 가는 게 최선이네."

내가 충고해 주었다.

"그렇지만 내가 의사 아닌가?" 그가 불만스러운 목소리로 말했다.

그래서 나는 그에게 적절한 의사를 찾아가라고 말해 주었다.

동상이 심할 경우에는 그 부위가 떨어져 나가기도 한다.

혹은 동상에 걸린 부위를 절단해야(즉, 잘라 내야) 할지도 모른다. 독자 중에 손가락이나 발가락이 떨어져 나간 사람이 있으면, 내 개인 의학 박물관에 기증해 주기 바란다. 뭐, 약간의 사례금은 지불할 것이다.

동상보다 더 무서운 것은 몸의 체온이 급격히 떨어지는 저체온증이다. 매년 겨울 체온이 내려가서 곧 죽을 것 같다고 찾아오는 꾀병 환자들이 많다.

흥! 그런 환자들은 소원대로 콱 죽어 버렸으면 좋겠다! 나야 항상 냉정하게 대한다. 뜨거운 물을 마시고, 몸을 따뜻하게 하라고 충고해 준다.

운동도 도움이 된다. 나는 감기에 걸려 징징거리는 어린이에게는 항상 8km를 뛰라고 지시한다. 대개 4km쯤 뛰고 나면 더 이상 콧물을 질질 흘리지 않는다. 추운 날씨에 옷을 따뜻하게 입지 않고 밖으로 나가는 멍청한 사람들이 저체온증에 걸리기 쉬운데, 자업자득이지 뭐! 체온이 내려감에 따라 그들은 심하게 벌벌 떤다.

그러면서 체온이 너무 높다고 생각해 옷을 벗어 버리려고 한다.

뇌가 냉각되면서 환각이 보이기 시작한다. 한 멍청이는 내게 전화를 걸어 자신이 냉동 오징어가 되었다고 주장했다. 나는 나중에 그를 만나 진찰해 보겠다고 말했다. 저체온증을 앓는 사람들은 신체에 추가적인 손상을 입는 것을 피하기 위해 온도를 서서히 올려 주어야 한다. 물론 그들은 뜨거운 불 속에 집어넣어 주길 원하겠지만…….

전형적인 멍청이

잠깐만! 이게 뭐지? 저체온증에 대한 글을 읽으면서 등골이 오싹해진다. 안 돼! 오싹해지는 것은 저체온증 증상이잖아! 침낭 속으로 기어 들어갔더니 몸이 따뜻해졌다. 이것 역시 저체온증의 증상이 아닐까? 나는 노트북만 한 피자를 먹음으로써 기운을 차리려고 했지만, 그것은 돌처럼 딱딱하게 굳어 있다! 냉기가 뼛속까지 스멀스멀 기어 들어온다. 나는 노트북에다가 작별 인사를 썼다. 잔인한 세상이여, 잘 있거라! 그런데 그때……
"잠깐만!" 반짝 하고 아이디어가 떠올랐다.
"불도저 씨가 웹사이트를 만들어 놓았을지도 몰라. 그리고 거기에 내가 살 수 있는 방법이 있을지도 몰라. 한번 들여다 보고나 죽자."

후퇴를 모르는 불도저 씨가 알려 주는 북극 지방에서 살아남을 수 있는 방법

동상을 주의하세요! 집게손가락이 엄지손가락에 닿지 않는다면 큰 문제가 생긴 겁니다. 그래서 이 제스처가 전통적으로 "난 괜찮아." 혹은 "OK"라는 뜻으로 사용된 겁니다. 손을 겨드랑이에 집어넣어 따뜻하게 하세요. 발을 자주 쿵쿵 구르고, 이해심 많은 친구가 옆에 있거든 친구의 배나 겨드랑이에 집어넣으세요.

화장실 : 돌풍이 불지 않는 한, 밖에 나가 볼일을 봐도 안전합니다. 그 부위는 따뜻한 피가 흐르는 혈관이 많이 지나가기 때문에 손가락이나 발가락처럼 금방 동상에 걸리지 않아요.

주의 사항 : 가끔 굶주린 에스키모개나 북극곰이 볼일을 보는 탐험가를 공격할 때도 있습니다.

도와 주세요! 이걸 읽자마자 갑자기 볼일이 보고 싶어졌다. 그렇지만 이곳에서는 밖에 나가 볼일을 보는 게 너무 위험하다! 그래서 나는 무전기로 도움을 요청했다. 구조되기를 기다리는 동안 먹을 수 없게 꽁꽁 얼어붙은 캔디를 바닥에 뿌리면서 앞으로 나아갔다. 맛있는 캔디를 버려야 하는 그 고통이란!

★ 요건 몰랐을걸!

1. 동상은 북극점과 남극점 탐험에 나섰던 초기의 탐험가들에게는 저승사자처럼 무서웠다. 미국 탐험가 로버트 피어리(1856~1920)는 어느 날 신발을 벗었더니 발가락 여덟 개가 떨어져 나갔다고 한다. 그는 훗날 이렇게 말했다.

북극점에 도착하기만 한다면 발가락 몇 개쯤이야 아무것도 아니었죠.

어때? 여러분도 기꺼이 그러겠지?

2. 2000년, 한 박물관은 아주 특이한 물건을 기증받았다. 마이클 레인 소령이 자신의 손가락 다섯 개와 발가락 여덟 개를 보내온 것이다. 그는 1976년에 산에 등정할 때 그것들을 잃었다. 이 용감한 산악인은 "내 손가락과 발가락에게는 전혀 예상치 못했던 청천벽력이었겠지요."라고 말했다.

3. 1991년, 미국의 매킨리 산을 등반하던 한국의 영웅적인 산악인 김홍빈 씨는 열 손가락이 절단되었지만, 다리와 이빨을 사용해 기어이 정상에 올랐다.

이제 이 장을 다 읽었으니 여러분도 열 에너지가 치명적으로 부족한 상황(비전문가들이 '추위'라고 부르는)에 대처할 수 있는 전문가가 되었다. 그렇지만 다음 장으로 넘어가기 전에 목숨을 건 다음 퀴즈에 도전해 보라. 여러분은 죽음의 관문에서 무사히 살아남아 북극점이나 남극점에 도착할 수 있을까?

나도 극지 탐험가가 될 수 있을까?

1. 날씨가 너무 추워 여러분이 뿜어낸 숨이 얼어붙어 오두막집 내부를 온통 얼음으로 뒤덮었다. 어떻게 하겠는가?
a) 그냥 참고 견딘다.
b) 용접용 화염 램프로 얼음을 녹인다.
c) 창문을 연다.

2. 다음 중 에너지를 가장 많이 얻을 수 있는 식품은?
a) 초콜릿
b) 시금치
c) 죽은 동물의 몸에서 꺼낸 지방 덩어리에다가 캔디와 바나나 시리얼을 합친 것

3. 며칠을 굶었는데 식료품이 바닥났다. 체온을 유지하려면 뭔가 먹어야 하는데, 어느 걸 먼저 먹어야 할까?
a) 에스키모가 만든 전통 양말
b) 개
c) 동생

4. 남극점으로 갈 때, 난방과 조리를 위한 연료를 저장하기에 가장 좋은 장소는?
 a) 얼음 덩어리
 b) 코르크 마개로 막은 병
 c) 가죽 마개로 막은 병

답:
1. a) 할 수 있는 거라곤 이것밖에 없다. b)는 소중한 연료를 낭비할 뿐만 아니라, 오두막집에 화재를 일으킬지도 모른다. c)는 실내의 온도를 더욱 낮출 것이다.
2. c) 1994년, 탐험가 데이브 미첼과 스티븐 마틴이 걸어서 북극점까지 갈 때 바로 이것을 먹었다. 지방은 무게로 따질 때 다른 어떤 음식보다 더 많은 에너지를 제공한다. 한입 베어 먹고 싶지?

3. b) 가장 약한 개를 고른다. 이제 잡아먹을 개도 더 이상 없거든 할 수 없지 뭐, a)를 먹어야지. 먹어도 괜찮다. 동물 털로 만든 것이니까. 경고! 동생을 잡아먹는 건 잔인한 행위일 뿐만 아니라, 한동안 감옥에서 못 나올지도 모른다.
4. b) 연료를 얼음에 저장한다는 건 정말로 어리석은 생각이다. 얼음을 녹이는 데 또다시 연료가 필요할 테니까. 1911년, 로버트 펄컨 스콧(1868~1912)이 이끈 영국 탐사대는 c)를 사용했다. 한편, 경쟁자였던 노르웨이의 로알 아문센(1872~1928)이 이끈 탐사대는 b)를 사용했다. 결국 아문센이 남극점에 먼저

도착했다. 스콧의 가죽 마개가 얼어서 떨어져 나가는 바람에 영국 탐사대는 연료가 바닥나 얼어 죽고 말았다. 얼어붙은 그들의 시체는 지금도 남극 대륙의 그 자리에 그대로 있다.

운 나쁜 이들 탐험가는 연료와 열 에너지가 부족해 죽음을 맞이했다. 연료는 에너지가 저장돼 있는 물질인데, 다음 장에서는 바로 그 연료에 대해 알아보기로 하자.

엄청난 에너지가 들어 있는 연료

연료가 없다면, 다시 말해서 연료 속에 저장된 에너지가 없다면, 세상은 모든 것이 정지된 싸늘한 장소로 변하고 말 것이다. 가스, 석유, 석탄 같은 연료에는 우리를 따뜻하게 해 주고, 따끈한 음식을 만드는 데 사용되는 중요한 에너지가 저장되어 있다.

그리고 연료는 여러분을 학교에 지각하지 않게 데려다 주기도 한다.

에너지를 저장하는 방법

그러나 연료는 에너지를 저장하는 방법 중 한 가지에 불과하다. 에너지를 저장하는 다른 방법을 몇 가지 소개하려고 하는데, 사고뭉치 선생님에게는 재앙이 되지 않을까 염려된다.

어느 멍청한 선생님의 모험

연료에 관한 흥미로운 사실

지난 수만 년 동안 대부분의 사람들이 사용할 수 있었던 연료는 땔감이 고작이었다. 화톳불은 빛과 열을 주었고, 매머드 고기를 익혀 주었다. 그러다가 약 5000년 전에 한 이집트인이 양초를 발명했다. 그 사람의 이름은 전해지지 않지만, 양초는 정말로 멋진 생각이었다. 그러면 양초의 원리를 알아보자.

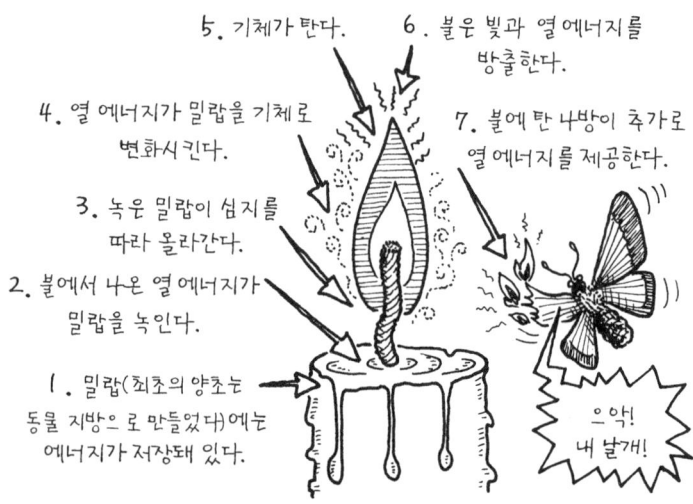

양초의 장점은 아무 데나 쉽게 가져갈 수 있다는 것이다. 그래서 전기가 발명되기 전에 침실을 밝히는 데 사용되었다. 그렇지만 양초에 불을 붙이려면 먼저 불을 피우는 것이 필요하다. 옛날에는 금속과 부싯돌을 부딪쳐 불꽃을 얻었지만, 사람들은 뭔가 좀 더 근사한 아이디어를 원했다.

1850년대에 스코틀랜드의 발명가 존 런드스트롬은 오늘날 사용되는 것과 같은 성냥을 발명했다. 그 에너지는 성냥개비 머리에 '인'의 형태로 저장돼 있다. 성냥갑의 마찰면에 성냥개비를 탁 칠 때 마찰 에너지를 얻어 인에 불이 붙는다.

인은 1669년에 조금 역겨운 방식으로 발견되었는데, 그 이야기는 에너지 문제에 약간 빛을 던져 줄 것이다.

어둠 속에서 타오르는 빛

1677년, 독일 함부르크

"오버마이어 씨, 제가 모든 것을 말씀드리겠습니다. 당신은 시장이시니 잘못된 일을 바로잡아 주실 수 있을 것입니다."

늙은 여인은 이렇게 말하고 나서 난롯가에 놓인 의자에 자리를 잡고 앉아 이야기를 시작했다.

"솔직하게 말씀드리죠. 제 주인인 헤닝 브란트는 좋은 사람이 아니에요. 그는 하인들에게 무례하지만, 자기보다 부자인 사람에게는 비굴한 행동을 보이지요. 첫 번째 부인과는 순전히 돈을 보고 결혼했는데, 부인이 죽을 무렵에는 재산을 과학 실험에 몽땅 쏟아부었어요. 뭐, 제가 남의 사생활 이야기하는 걸 좋아하는 성격은 아니지만, 지금 부인하고도 순전히 돈 때문에 결혼했다고 사람들이 수군거리더군요. 그는 늘 값싼 금속으로 금을 만들려고 애쓰고 있어요. 그럼 연금술사냐고요? 예, 그는 자신을 그렇게 부르더군요.

어느 날 밤, 저는 주인의 실험실 앞을 지나가고 있었지요. 깨끗하게 빤 옷을 주인 방에 갖다 놓던 중이었어요. 주인은 항상 옷에 화학 물질을 잔뜩 묻혀 지저분하게 만들곤 했지요. 그 방에서 나는 악취란! 상상에 맡기겠어요. 어떤 실험에서는 방 안에 썩는 듯한 악취가 풍기는 물통이 많이 놓여 있었는데, 거기에는 오줌이 가득 담겨 있었어요!"

여인은 생각만 해도 역겹다는 듯 얼굴을 찌푸렸다.

"주인은 하인들에게 그 방은 청소하지 말라고 했지만, 그 악취를 도저히 참을 수 없었죠. 그때 주인의 목소리가 들려왔어요. 저를 부르는가 싶어 문을 열고 안을 들여다보았어요. 그런데 주인은 혼잣말을 하고 있었어요…….

'빛이다!' 분명히 이렇게 말했어요. '드디어 금을 만드는 비법을 오줌 속에서 발견했어!'

저는 방 안을 자세히 살펴보았어요. 방 안은 캄캄했지만, 이글거리는 플라스크에서 나오는 기묘한 빛에 주인의 상기된 얼굴이 보였어요. 그때 주인이 저를 보았어요.

그러고는 손으로 목을 붙잡더니 뺨을 찰싹찰싹 때렸어요. 제가 본 것을 다른 사람에게 말했다간 무사하지 못할 거라고 협박했어요. 저는 절대로 말하지 않겠노라고 약속했죠. 뭐, 그럴 수밖에 다른 방법이 없잖아요?"

"실제로 저는 6년 동안 아무에게도 그 비밀을 털어놓지 않았어요. 저는 훌륭한 하인은 모든 것을 보되 아무 말도 하지 않아야 한다고 믿어요. 그 동안에 주인은 그 물질을 이용해 금을 만들려고 노력했어요. 그는 실패를 거듭하다가 아내의 재산을 몽땅 날렸지요.

우리는 빛을 내는 물질의 비밀을 알길 원하는 연금술사에게 많이 시달렸어요. 그들은 그 사실을 어떻게 알았을까요? 정확한 것은 알 수 없지만, 주인이 술집에서 자랑삼아 이야기한 게 아닌가 싶어요. 그러고는 저보곤 비밀을 지키라니요!"

그때, '타닥!' 하는 소리와 함께 굴뚝에서 불꽃이 확 일었다. 여인은 놀란 듯이 움찔하면서 주위를 두리번거렸다. 그러고는 다시 이야기를 계속했다.

"하루는 크라프트 씨가 찾아왔어요. 그는 주인에게 비밀을 알려 주면 많은 돈을 주겠다고 하더군요. 그렇지만 주인은 탐욕스러울 뿐만 아니라 교활하기까지 했어요. 주인은 크라프트 씨에게 빛을 내는 물질을 만드는 비법을 가르쳐 줄 순 없지만, 그 물질은 팔겠다고 했어요. 그리고 원한다면 더 많이 만들어 줄 수 있다고 하더군요.

저는 크라프트 씨에게 그 물질은 오줌으로 만들어졌다고 말하고 싶어 입이 근질근질했지만, 주인이 길길이 뛸 게 눈에 선해 참았지요. 그래서 저는 조용히 앉아서 바느질을 계속했어요. 그때 문을 두드리는 소리가 들리더군요."

"쿵켈 씨더군요. 쿵켈 씨도 연금술사인데, 며칠 전에 그 기묘한 물질을 보러 온 적이 있었어요. 쿵켈 씨도 그 물질을 약간 사길 원했는데, 주인은 더 이상 팔 물건이 없다고 딱 잘라 말하더군요. 그때 저는 주인이 '그래, 그것은 오줌으로 만들었어. 이제 그만 가!'라고 속삭이는 걸 들었어요. 그러고는 당황한 표정으로 돌아와 크라프트 씨와 거래를 마쳤어요.

크라프트 씨가 떠난 뒤, 주인은 춤을 추기 시작했어요. 다리를 치면서 우스워서 못 견디겠다는 듯 웃음보를 터뜨렸어요."

"친구인 여관 주인이 들르자, 주인은 제게 포도주를 가져오라고 말했어요. 포도주를 한두 병 마시고 나자 주인은 취하고 말았어요. 통통한 얼굴이 난로의 불빛을 받아 불그스름하게 빛났어요. 그러면서 크라프트 씨와 쿵켈 씨에게 어떻게 사기를 쳤는지 자랑삼아 큰 소리로 이야기하더군요.

그러자 여관 주인이 몸을 앞으로 숙이며 주인의 배를 쿡쿡 찔렀어요.

'그래, 그 물질은 도대체 어떻게 만들었나?'

그 말을 들은 주인은 웃음을 참지 못하고 마구 웃다가 턱이 빠지기 직전까지 갔지요.

'오줌을 썩을 때까지 내버려 두었다가 플라스크 바닥에 흰색 가루가 생길 때까지 가열하는 거야. 그랬다가 또다시 가열하는 거지! 생각해 보라고! 오줌 한 단지로 은화 200닢이라니!'"

"제 주인은 정말로 우스워서 못 참겠다는 듯이 데굴데굴 굴렀어요. 그러다가 입가의 침을 닦고는 어색한 동작으로 코를 두들기며 말했어요.

'이봐, 친구! 어디 가서도 절대로 이 이야길 하면 안 되네.'

그 다음에 일어난 일은 시장님도 잘 아시지요? 함부르크 시내에 쫙 퍼진 소문 말이에요. 쿵켈 씨도 그 물질을 만들었지요.

또 크라프트 씨는 온 유럽의 왕과 여왕에게 그 물질을 보여 주어 큰돈을 벌었다고 하더군요. 그리고 쿤켈 씨와 크라프트 씨는 자기가 그 물질을 만들었노라고 떠벌리고 다닌다죠.

제 주인은 그 후 화병이 났어요. 이런 상황을 도저히 참을 수가 없었던 거지요. 그래서 제 주인인 헤닝 브란트가 그 물질을 최초로 발견한 사람이라고 증언하기 위해 제가 이 자리에 온 것이랍니다.

훌륭한 하인은 결코 자기 의견을 내세우는 법이 없지만, 제가 한 마디 해야겠어요. 시장님, 이 물질은 이전에 아무도 발견한 적이 없어요! 이것은 사람을 잔인하고 이기적이고 탐욕스럽게 만들어 서로를 속이고 거짓말을 하게 하는 악마의 물질과 같아요. 그게 뭘까요? 제가 말한 게 사실이라는 걸 증명하려면 어떻게 해야 할까요?"

여인은 잠시 고민에 빠진 것 같았다.

"저는 가난한 하녀에 불과합니다. 제가 가진 것이라곤 제 말과…… 그리고 이것뿐입니다."

여인은 가방을 열더니 조그마한 플라스크를 꺼냈다. 플라스크 안에는 도깨비불처럼 초록색으로 빛나는 가루가 들어 있었다.

★ 요건 몰랐을걸!

1. 인 원자가 공기 중에서 산소와 결합하면, 저장된 에너지를 빛의 형태로 방출한다. 인은 독성이 있지만, 알약으로 만들어져 위장병이나 폐병을 치료하는 데 사용되었다.

그 알약은 아무 효과가 없었고, 그것을 먹은 사람들은 구역질이 나고, 어둠 속에서 빛을 내기 시작했다.

2. 1890년, 한 소녀가 몸에 인을 바르고서 강신 회합(망령과 만나기 위해 모이는 장소)에 나가 유령인 척했다. 그렇지만 인의 독성 때문에 소녀는 죽고 말았고, 진짜 유령이 되었다.

오늘날 유럽과 미국에서 양초나 화톳불을 사용하는 사람은 거의 없다(정전이 되면 성질 나쁜 선생님은 자기 혼자 두툼한 목도리를 두르고 촛불로 수업을 할 것이라는 소문이 있다. 선생님은 여러분이 집으로 빨리 가는 게 무엇보다 싫은 게다).

오늘날 사람들은 대부분 석탄이나 가스, 석유로 생산한 전기나 가스에 의존해 살아가고 있다. 아마 여러분은 이 중요한 에너지들에 대해 몹시 알고 싶어 할 테니, 여러분이 궁금해하는 질문에 답을 해 줄 전문가를 한 분 모셨다.

무엇이든 물어보세요!
에너지 전문가 부글부글 씨와 함께

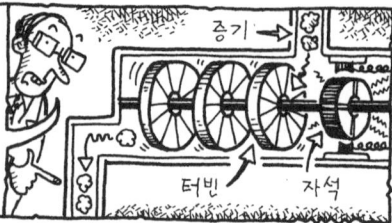

★ 요건 몰랐을걸!

굴착 장비로 땅 속에서 파낸 석유(이걸 원유라 부른다.)는 녹색을 띤 검은색의 걸쭉한 액체이다. 원유에는 등유, 가솔린, 경유, 부탄(휴대용 가스 레인지 연료로 사용되는)을 비롯해 여러 가지 화학 물질이 들어 있다. 1860년대에 석유는 치통이나 티눈을 치료하는 약으로 판매되었다. 그래도 마시라고 하지 않았기에 다행이지!

썰렁한 과학 용어

> 답 : 이들을 불렀더니 과학자가 달려와 공사 시작부터 말썽이 생겼다고 몹시 투덜거리며 말했다. 왜냐하면 이 집이 모두 가스로 움직이기 때문이다. 그래서 배관공이 없어 가스관 수리 할 수 없고, 또 가스가 새서 매번 창문을 열어 놓아야 하기 때문에 가스 누출 탐지기가 시시덕거렸다는 것이다.

 비록 석유 가스는 석유가 묻혀 있는 곳에 함께 묻혀 있는 경우가 많지만, 조리용 및 조명용 가스는 석탄으로 만들어 낼 수도 있다. 그런데 여러분은 모자 패션 감각이 형편없는 발명가가 그 방법을 발견했다는 사실을 알고 있는가?

명예의 전당 : 윌리엄 머독(William Murdock; 1754~1839)
머독 엄마는 화가 머리끝까지 치밀었다.
 "이 망할 녀석! 내가 가장 아끼는 찻주전자를 이렇게 만들다니! 정신이 있는 거야 없는 거야, 이 개만도 못한 녀석!"

(머독의 엄마는 실제로는 이 고상한 책에 옮기기 힘든 아주 험한 다른 말을 사용했을 것이다.)

어린 머독은 고개를 숙인 채 과학 실험에 대해 뭔가 중얼거리고 있었는데, 찻주전자가 귓가를 스치며 휙 날아가더니 뒤에 있던 시커먼 쇠난로에 부딪쳐 박살나고 말았다.

그렇지만 머독은 중요한 발견을 했다. 석탄(맞다! 엄마의 찻주전자에 들어 있던)을 가열하면 가스가 생기는데, 그 가스가 불에 타면서 열과 빛 에너지를 낸다는 사실을 알아낸 것이다. 머독은 아주 실용적인 생각을 가진 젊은이였다. 머독은 이미 학교에 제 시간에 가기 위해 나무로 만든 세발자전거를 발명한 바 있었다. 이 발명품은 아주 놀라운 것이었는데, 왜냐하면······.

1. 학교에 지각하지 않으려고 그렇게 애썼다는 점 때문에.
2. 아직 두발자전거도 발명되지 않았던 때였기 때문에.

 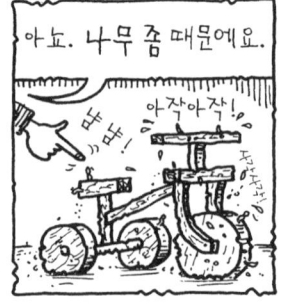

스코틀랜드에서 태어난 머독은 23세 때 영국의 어느 공장에서 세상에서 가장 성능이 좋은 증기 기관을 만들었다는 이야기를 들었다. 너무나도 흥분한 그는 수백 km를 걸어 버밍엄에 있는 소호 공장까지 가서 일을 하게 해 달라고 부탁했다. 사장인 매튜 볼턴이 필요 없다며 그만 가라고 말하려는 순간, 머독의 모자가 바닥에 떨어졌다. 그것은 쿵 하고 딱딱한 소리를 냈는데, 그도 그럴 것이 그 모자는 나무로 만든 것이었기 때문이다. 머독이 직접 발명한 것이었는데, 이것은 이 젊은이의 머리가 돌은 아니라는 걸 보여 주었다.

머독은 그 후 평생 동안 볼턴과 그의 동업자인 제임스 와트(1736~1819)를 위해 일했다. 와트 역시 스코틀랜드 출신으로, 증기 기관의 성능을 크게 개량한 사람이었다. 머독은 온 나라를 돌아다니며 증기 기관을 수리했는데, 남는 시간을 이용해 증기 기관으로 달리는 차량을 발명하고, 물고기 껍질을 이용해 맥주의 탁한 찌꺼기를 없애는 방법도 발명했다(혹시 아빠가 집에서 맥주를 만들고 있다면, 절대로 이 책을 보지 못하게 하라. 그랬다간 어항 속에 든 금붕어가 언제 사라질지 모른다.).

머독은 석탄 가스에 대한 아이디어를 계속 발전시켰다. 처음에는 통 속에 석탄을 넣고 가열하여 발생한 가스를 관 주위로

펌프질해 보내 특별한 가스 꼭지에서 불을 붙일 수 있게 했다. 머독은 이 방법으로 자신이 일하고 있던 콘월 지방의 오두막집에 불을 밝혔고, 그 다음에는 소호 공장에 불을 밝혔다. 볼턴은 이 발견에 기뻐했으나, 머독이 특허를 신청하지 못하게 했다. 그 바람에 다른 사람들이 그의 아이디어를 베껴, 머독은 그 발명품으로 돈을 전혀 벌지 못했다.

연료 위기

화석 연료가 바닥날 거라고 했던 부글부글 씨의 경고를 기억하는가? 아마도 다른 사람들에게서도 이런 이야기를 들어 본 적이 있을 것이다. 석탄은 아직도 수백 년간 사용할 만한 양이 땅 속에 묻혀 있지만, 석유와 가스는 점점 고갈돼 가고 있다. 1990년대에 전 세계의 연간 석유 소비량은 무려 30억 톤이나 되었다. 일부 과학자는 에너지 문제를 해결할 수 있는 답이 아주 아주 작은 것에 있다고 생각한다.

공포의 에너지에 관한 X-파일

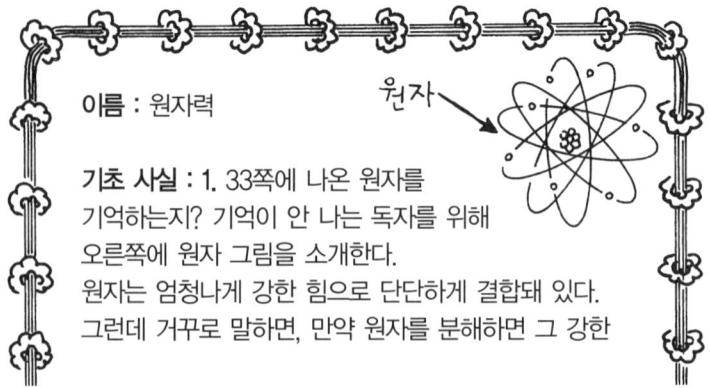

이름 : 원자력

기초 사실 : 1. 33쪽에 나온 원자를 기억하는지? 기억이 안 나는 독자를 위해 오른쪽에 원자 그림을 소개한다.
원자는 엄청나게 강한 힘으로 단단하게 결합돼 있다. 그런데 거꾸로 말하면, 만약 원자를 분해하면 그 강한

힘이 밖으로 나온다는 뜻이 된다. 그와 함께 피부에 물집을 솟게 하고 창자벽을 파괴하여 사람을 죽이는 치명적인 방사선이 나오기도 하지만.

2. 우라늄 원자 1kg이면 코끼리 2억 마리를 위로 1m만큼 들어 올리는 에너지를 만들 수 있다.

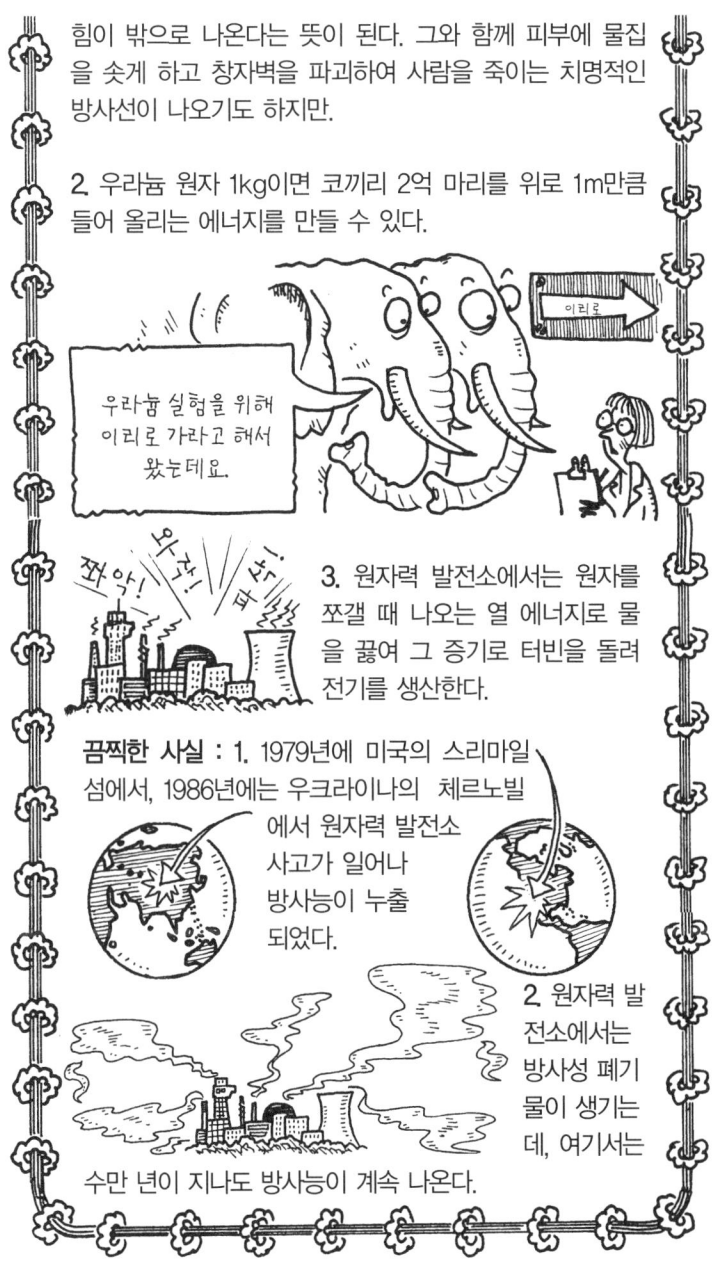

우라늄 실험을 위해 이리로 가라고 해서 왔는데요.

이리로

3. 원자력 발전소에서는 원자를 쪼갤 때 나오는 열 에너지로 물을 끓여 그 증기로 터빈을 돌려 전기를 생산한다.

끔찍한 사실 : 1. 1979년에 미국의 스리마일 섬에서, 1986년에는 우크라이나의 체르노빌에서 원자력 발전소 사고가 일어나 방사능이 누출 되었다.

2. 원자력 발전소에서는 방사성 폐기물이 생기는데, 여기서는 수만 년이 지나도 방사능이 계속 나온다.

깜짝 퀴즈

전기를 만드는 데 특이한 물질이 연료로 사용된 경우도 많다. 다음 중 아직 한 번도 사용된 적이 없는 연료는 무엇일까?

1. 죽은 소
2. 감자 칩 가게에서 사용하고 남은 기름 찌꺼기
3. 썩은 달걀
4. 사용하고 버린 기저귀

답 :
3. 그렇지만 미래에는 어떻게 될지 누가 알겠는가? 나머지는 2000년에…….
1. 영국의 일부 발전소에서는 병에 걸려 죽은 소의 시체를 태워 전기를 생산했다. 이제 소는 우리에게 고기와 젖, 가죽뿐만 아니라, 전기까지 주는군.
2. 영국 맨체스터의 한 남자는 감자 칩 가게에서 쓰고 남은 기름을 화학 처리하여 디젤유로 만들어 자동차 연료로 사용했다.

4. 프랑스의 시멘트 회사들은 시멘트를 생산하는 노에 기저귀를 태웠다.

바람이나 파도, 조류, 태양 에너지(태양에서 오는 빛과 열)를 이용해서도 전기를 생산할 수 있다. 이러한 천연 에너지를 '재생 가능한' 에너지라 부르는데, 그 에너지원을 거의 무한정 사용할 수 있기 때문이다. 지구 속 깊은 곳에도 또 다른 종류의 재생 가능한 에너지가 숨어 있다. 그것을 이용하려면 다음과 같이 하면 된다.

지열 발전소를 만드는 방법
지열 발전에 관한 간단한 소개

지열 발전은 지하 수천 m 아래에 녹아 있는 암석(마그마)에서 열 에너지를 얻는 방법이다. 실제로 아이슬란드에서는 이렇게 해서 생산한 전기로 바나나를 재배한다(온실에서). 그러니 여러분도 직접 지열 발전소를 한번 지어 보는 것이 어때?

지시 사항 중 일부는 터무니없는 것도 있으니, 먼저 신중하게 읽어 보는 것이 좋다.

- 이제 지긋지긋한 전기 요금 청구서는 바이바이!
- 평생 무료 온수 공급!
- 발전소를 짓는 데 들어가는 수천억 원을 빼고는 더 이상 아무런 비용이 들지 않음!

준비물:

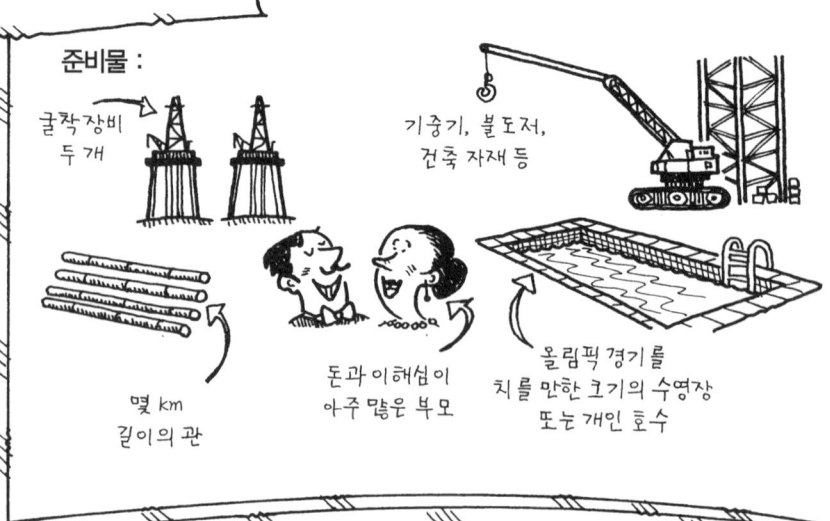

지시 사항 :

1. 굴착 장비를 설치하고, 물을 끓일 수 있을 만큼 뜨거운 암석이 나올 때까지(약 7km 깊이까지) 땅을 판다.

2. 구멍을 판 뒤에는 그 속으로 관을 밀어 넣는 걸 잊지 말라.

3. 두 번째로 판 구멍에 넣은 관을 여러분의 집으로 연결시킨다. 친구 집에도 관을 연결시켜 주면 친구 부모님이 매우 기뻐하실 것이다.

4. 여기가 재미있다! 첫 번째 관을 수영장에다 연결한 다음, 물 꼭지를 열어 관을 따라 물을 내려 보낸다.

5. 그러면 뜨거워진 물이 두 번째 구멍을 통해 여러분 집의 온수 장치로 올라올 것이다.

경고: 압력을 잘 조절하지 않으면 방열기가 폭발할지도 모른다!

주의 사항 :
만약 여러분이 판 구멍에서 녹은 암석(마그마)이 솟아오른다면, 여러분은 화산의 뚜껑을 연 셈이다. 이 화산은 여러분의 이웃은 물론이고 학교까지 뜨거운 용암으로 뒤덮어 버릴 것이다. 잠깐 동안 다른 지방으로 피신했다가 오는 것이 좋을 것이다.

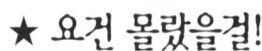

★ 요건 몰랐을걸!

만약 여러분이 만든 지열 발전소가 제대로 작동하지 않는다면, 에너지 부족 문제를 해결할 수 있는 훨씬 간단한 방법이 있다. 에너지를 덜 쓰면 된다! 꼭 필요하지 않은 전기 장비는 모두 끄고, 난방 장치의 스위치도 내리고 대신에 옷을 두툼하게 껴입고 버티도록 하라.

그래도 춥다면 손을 비비라. 34쪽에서 대포 포신에 구멍을 파낼 때 많은 열이 발생한다는 이야기를 기억하지? 마찬가지로 손을 비벼도, 그 비비는 힘이 운동 에너지를 열 에너지로 바꾸어 줄 것이다. 아주 간단하게 열을 만드는 방법이다!

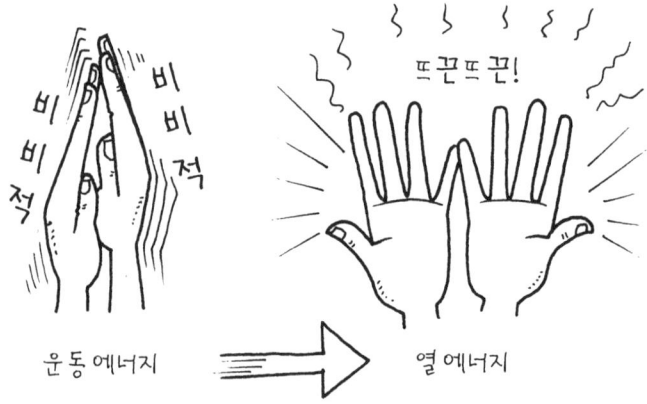

다음 장에서는 운동 에너지를 많이 보게 될 것이다. 뭐 해? 얼른 쏜살같이 다음 장으로 달려가지 않고!

우리를 움직이는 힘

창밖을 내다보라. 틀림없이 뭔가 움직이는 게 눈에 들어올 것이다. 쥐를 뒤쫓는 고양이나 고양이를 뒤쫓는 개, 혹은 개를 뒤쫓는 어린이……. 이도 저도 아니면 그 어린이를 뒤쫓는 이웃집 어른 혹은 모두를 뒤쫓는 티라노사우루스가 눈에 들어올 것이다.

이들은 모두 한 가지 공통점이 있는데, 그것은 바로 '이것'을 가지고 있다는 점이다.

썰렁한 과학 용어

답 : 이야! 어떻게 알았을까? 운동 에너지는 운동하는(움직이는) 물체가 지닌 에너지를 말한다. 모든 움직임은 운동 에너지가 있어야 가능하다.

기계 역시 돌아가면서 많은 열을 잃는데, 105쪽에 가면 그 이야기가 자세하게 나올 것이다.

운동 에너지는 쐐기벌레와 자동차와 혜성을 움직이고…… 음, 사실상 우주에 존재하는 모든 것을 움직이는 원동력이다. 심지어는 거대한 파도를 움직이는 쓰나미(지진 해일)도 운동 에너지이다. 지진이 바다에 운동 에너지를 공급하여 거대한 해일을 일으킨다. 이 해일은 넓은 바다를 가로질러 높이 500m의 파도가 되어 반대편 해안을 덮칠 수 있다! 그렇지만 공포에 떨지 말라! 이 정도로 큰 해일은 수만 년에 한 번 일어날까 말까 하니까. 그러면 모형 쓰나미를 한번 만들어 보자. 불안에 떨 것 없다. 여러분 집을 아주 못쓰게 휩쓸지는 않을 테니까.

직접 해 보는 실험 : 운동 에너지는 어떻게 작용하는가?

준비물 :

설거지통 (이것은 개수대에 두는 것이 좋다. 절대로 동생의 머리 위에 올려놓진 마라.)

손전등

실험 방법 :

1. 어두워질 때까지 기다려라. 손전등을 켜고 수면에서 60cm쯤 위에서 물 위를 비춘다.

2. 수도꼭지에서 물 한 방울이 설거지통에 떨어지게 한다(아니면, 손가락에 물을 묻혀 수면에서 30cm 되는 지점에서 한 방울 떨어뜨려라).

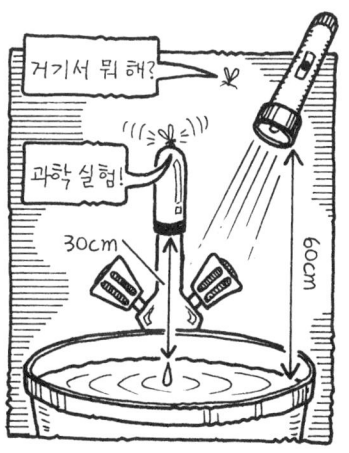

어떤 것을 볼 수 있을까?

a) 가운데에서 잔물결이 사방으로 퍼져 가다가 사라진다.

b) 바깥쪽에서 잔물결이 안쪽으로 밀려온다.

c) 가운데에서 잔물결이 바깥쪽으로 퍼져 갔다가 다시 돌아온다.

답 : c) 바깥쪽에서 다시 안쪽으로 돌아오는 잔물결이 보이는가? 떨어진 물방울이 지닌 운동 에너지가 물 위로 나아가는 잔물결의 운동 에너지를 만들어 낸다. 잔물결은 설거지통의 가장자리에 부딪치면서 에너지를 약간 잃는다. 이 때문에 가장자리에서 가운데로 돌아오는 잔물결은 이전보다 약해진다.

★ 요건 몰랐을걸!

소리 에너지는 소음(여러분이 좋아하는 음악 같은)이 공기 중에 만들어 내는 운동 에너지의 파동(물결과 비슷한 것)이다.

마법의 기계

우리의 손으로 직접 움직이는 도구나 기계는 우리의 에너지를 절약하기 위해 발명되었다. 예를 들면 깡통 따개를 사용하면 다른 방법을 사용하는 것에 비해 훨씬 쉽게 깡통을 딸 수 있다.

우리의 에너지가 이보다 훨씬 덜 필요한 기계도 많은데, 이들 기계는 우리의 에너지 대신 연료 에너지로 움직인다. 이러한 종류의 기계들 중에서 가장 오래된 것을 다음에 소개하려고 한다.

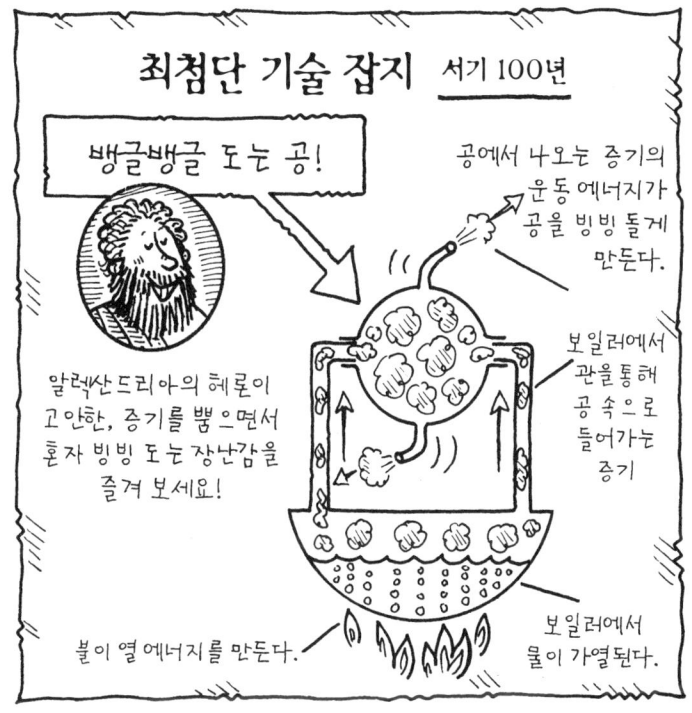

헤론의 아이디어는 로마의 기술을 크게 발전시킬 수도 있었다. 고대 로마인이 증기 기관차와 증기선을 만들었다고 한번 상상해 보라! 그러나 그들은 그러지 않았다. 잡지 편집자가 말한 대로, 증기 기관을 어디다 써 먹을지 아무도 몰랐고, 또 로마인은 근육 에너지를 절약해야 할 필요성을 전혀 느끼지 못했다. 아무리 힘든 일이라도 대신 해 주는 노예들이 아주 많았기 때문이다.

1600년이 더 지난 후에야 토머스 세이버리(1650~1715)라는 발명가가 증기 기관을 다시 발명했다. 어느 날 밤, 세이버리는

포도주를 마시고 있었다. 술이 거나하게 취한 그는 포도주 병을 아무렇게나 던져 버렸는데, 병은 난로 위에 가서 떨어졌다. 그러자 병에서 증기가 확 뿜어 나왔고, 세이버리는 병 속에 남아 있던 포도주가 증기로 변했다는 사실을 알아챘다. 취한 과학자는 난로에서 병을 들어 올려 물속에 넣어 식히려고 했다. 그때 놀랍게도 물이 병 속으로 확 빨려 들어가는 게 아닌가!

도대체 무슨 일이 일어난 것일까?

나도 과학자가 될 수 있을까?

이런 현상이 일어난 원인은 무엇일까?

a) 병이 식으면서 부피가 약간 늘어났기 때문에, 물이 더 많이 들어갈 수 있었다.
b) 공기가 냉각되면서 차지하는 공간이 줄어들었기 때문에, 빈 공간으로 물이 밀고 들어갔다.
c) 뜨거운 포도주가 신비로운 힘으로 물을 끌어당긴 것이다.

> 답 : b) 증기 열 에너지가 식으면 바깥쪽으로 밀어 내는 힘이 생긴다. 했던 증기 차지하던 공간은 줄어들게 이 작아진다.

세이버리는 이 원리를 이용해 광산에서 물을 뽑아내는 펌프를 만들었다. 그리고 그 후 80여 년에 걸쳐 토머스 뉴커먼(1663~1729)이나 제임스 와트 같은 발명가들이 증기 기관을 계속 개량하여 마침내 어떤 종류의 기계도 움직이고, 기차와 배도 달리게 하는 증기 기관을 발명했다. 이에 따라 세상은 크게 변하게 되었는데, 이 모든 것이 술에 취한 과학자 때문에 일어난 일이다.

와트가 발명한 증기 기관을 다음에 소개한다. 증기 기관은 열 에너지를 운동 에너지로 바꾸는(19쪽에서 설명한 열역학 제1법칙을 기억하고 있겠지?) 놀라운 방법이다.

와트의 증기 기관

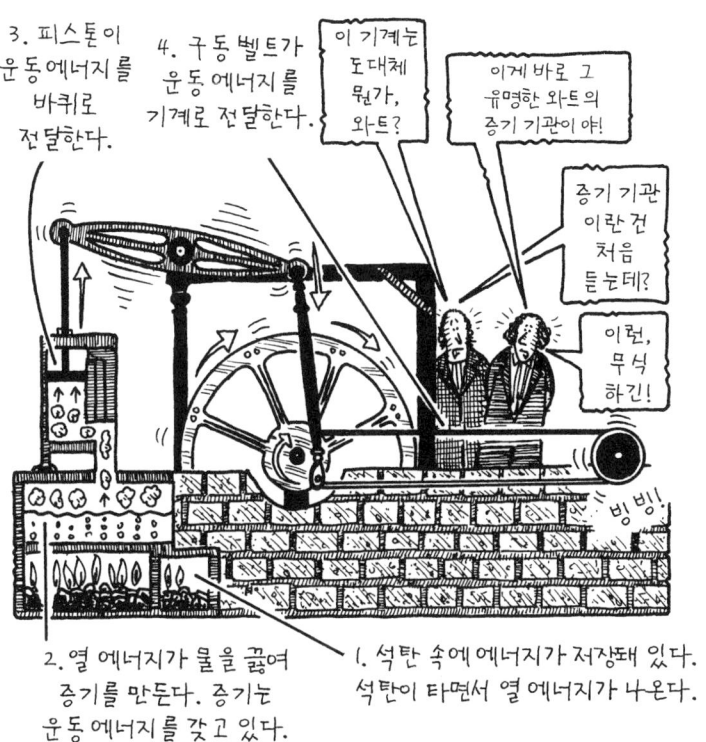

증기 기관에 관한 기초적인 사실 몇 가지

1. 발명가들은 증기 기관에 큰 관심을 보였다. 1730년대에 존 스미턴(1724~1794)이라는 열한 살짜리 꼬마는 뉴커먼의 증기 기관을 처음 구경했다. 그것을 보고 증기 기관에 홀딱 빠진 스미턴은 모형 증기 기관을 만들어, 그것으로 아빠가 아끼던 금붕어 연못에서 물을 퍼냈다. 여러분은 절대로 따라 하지 말았으면 한다!

스미턴은 아빠에게 심한 벌을 받고서도 무사히 살아남아, 나중에 유명한 공학자가 되어 운하와 등대를 건설했다.

2. 윌리엄 머독 같은 발명가는 오늘날의 자동차처럼 도로 위를 달리는 증기 자동차를 만들었다. 1801년, 머독의 친구이던 리처드 트레비식(1771~1833)도 증기 자동차를 만들어 시운전을 해 보았다. 그것은 고장이 나서 멈추고 말았지만, 트레비식은 기어이 그것을 수리하는 데 성공했고, 성공을 축하하기 위해 술집으로 갔다. 그런데 트레비식은 증기 기관의 불을 끄지 않았다. 보일러는 물이 다 닳아 없어지자 가열되다가 폭발하고 말았다. 아마 그 근처는 난장판이 되었을 것이다.

3. 1894년, 발명가 하이럼 맥심(1840~1916)은 증기 기관으로 움직이는 비행기를 만들었는데, 날개 길이가 38m나 되었다. 증기 기관은 거대한 비행기를 공중에 띄워 올릴 만큼 힘이 세지 못했다. 비행기는 땅 위로 겨우 몇 cm 뛰어오르다가 떨어져 부서지고 말았다. 아마도 맥심은 더운 김을 씩씩 뿜어냈을 것이다.

증기 기관이 가장 유용하게 사용된 곳은 증기 터빈이었다. 80쪽에서 이야기했듯이, 터빈은 발전소에서 전기를 생산하는 데 사용된다. 그러나 터빈이 사용되는 곳은 발전소뿐만이 아니다.

명예의 전당 : 찰스 파슨스(Charles Parsons; 1854~1931)
  파슨스는 아일랜드의 아주 부유한 가정에서 태어났다. 아버지는 천문학자인 로스 백작으로, 성까지 소유하고 있었다. 1845년, 로스 백작은 어마어마한 돈을 들여 세계 최대의 망원경을 만들었다. 그렇지만 길이가 15m나 되는 그 괴물 망원경은 실패작이었다. 하늘이 아주 맑을 때에만 사용할 수 있었는데, 그 지역은 비가 내리는 날이 많았기 때문이다.
  부잣집에서 태어난 파슨스는 학교에 가지 않아도 되었다. 그는 제임스 줄처럼 개인 가정교사들에게 교육을 받았고, 과학에 흥미를 느껴 기계를 발명하기 시작했다. 파슨스는 증기 자동차를 만들어 형제들을 태워 주곤 했다. 하루는 고모를 차에 태웠는데, 그만 고모가 차에서 떨어져 죽고 말았다.

  파슨스는 어느 회사에 들어가 증기 기관을 만드는 일을 했다. 그는 자신의 일을 너무나도 좋아한 나머지, 결혼식이 끝나고 근사한 데로 신혼여행을 떠난 것이 아니라, 아주 추운 호수로 신부를 데려가 자신이 발명한 새 터빈을 시험하는 걸 보여 주었다고 한다. 파슨스야 중요한 과학적 데이터를 얻어 가지고 왔겠지만, 아내는 심한 고열과 콧물만 얻어 가지고 왔겠지…….

1880년대에 파슨스는 터빈에 대한 아이디어를 생각해 냈다. 그 아이디어는 아주 간단했다. 뜨거운 증기 에너지로 회전하는 작은 날들을 돌린다는 것이었다. 터빈의 날들은 아주 빠른 속도로 돌았고, 파슨스는 이것을 이용해 프로펠러를 돌려 배를 움직이게 할 수 있을 것이라고 생각했다. 그 다음에 일어난 일은 다음과 같다.

구닥다리 제독의 비밀 일기

1894년

파슨스라는 발명가가 찾아왔다. 제 아버지처럼 살짝 맛이 간 친구다. 세상에 그런 허무맹랑한 이야기는 처음 들어 봤다. 뭐 34노트로 달리는 배를 만들겠다나! 세상에, 그렇게 빨리 달린다면 그게 배야? 이 젊은 친구는 실제로 작동하는 모형을 만들었다고 이야기했다. 그렇지만 나는 보통의 증기 기관보다 더 빠른 것은 없다고 단호하게 말했다. 그런데 나는 바람의 힘에 무슨 문제가 있다는 것인지 도통 이해가 가지 않는다. 내가 어릴 때만 해도 바람만으로도 충분히 만족하고 살았는데!

1895년

파슨스라는 그 귀찮은 젊은이가 또 편지를 보냈다. 그 엉터리 아이디어를 가지고 다른 제독들도 꽤 귀찮게 한다고 들었다. '안 된다'는 답을 받아들이기가 그렇게 힘든 걸까? 저런 녀석은 빗속에서 먼지가 나도록 패 주어야 하는데……. 편지에는 그 잘난 체하는 과학 용어가 잔뜩 적혀 있다. 뭐야? 이번에는 자기가 직접 배를 만들어 모두에게 그 성능을 보여 주겠다고? 허무맹랑한 소리! 우리 제독들이 할 일이 얼마나 많은데! 예를 들면, 순양 항해도 나서야 한다구.

1896년

글씨가 삐뚤삐뚤하더라도 똑바로 봐 주기 바란다! 난 아직도 충격에서 헤어나지 못했다. 오늘은 함대 사열을 하는 날이었다. 매년 이 날이면 우리 제독들은 함대가 질주하는 걸 바라보면서 여왕의 건강을 기원하며 축배를 든다. 그러나 오늘은 그럴 수가 없었다. 아아, 이럴 수가! 34노트 속도로 달린 조그마한 배 한 척이 모든 것을 망치고 말았다! 나는 너무나도 놀란 나머지 뜻을 알 수 없는 단어들을 마구 지껄이기 시작했고, 그 바람에 틀니까지 빠지고 말았다! 불쌍한 덜렁이 제독은 충격이 얼마나 컸던지 하루 종일 망원경을 거꾸로 들여다보았다! 내가 망원경을 들여다보았더니 그 말썽쟁이 파슨스라는 녀석이 배 위에 타고 있는 게 아닌가!

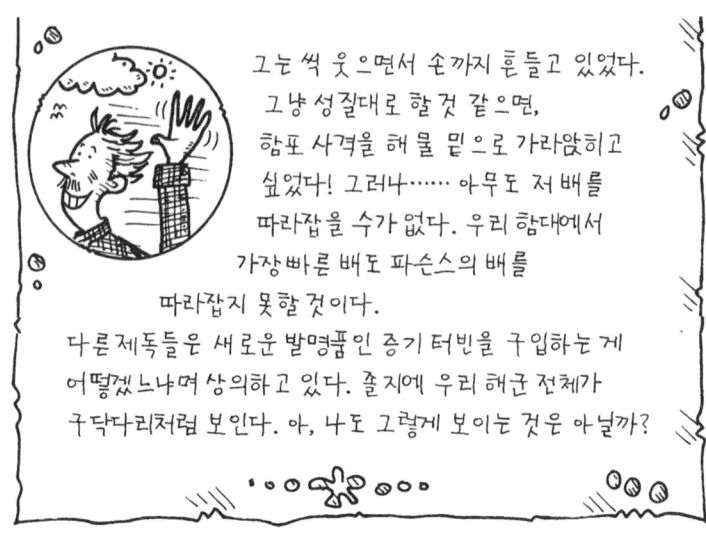

그는 씩 웃으면서 손까지 흔들고 있었다. 그냥 성질대로 할 것 같으면, 함포 사격을 해 물 밑으로 가라앉히고 싶었다! 그러나…… 아무도 저 배를 따라잡을 수가 없다. 우리 함대에서 가장 빠른 배도 파슨스의 배를 따라잡지 못할 것이다.
다른 제독들은 새로운 발명품인 증기 터빈을 구입하는 게 어떻겠느냐며 상의하고 있다. 졸지에 우리 해군 전체가 구닥다리처럼 보인다. 아, 나도 그렇게 보이는 것은 아닐까?

파슨스는 이 발명으로 돈과 명예를 거머쥐었다. 그러나 훗날 그는 흑연(연필심의 재료로 쓰이는 물질)으로 다이아몬드를 만드는 연구에 거의 전 재산을 다 날리고 말았다.

공짜 에너지

과학자들은 수천 년 전부터 훨씬 성능이 좋은 기계를 만들려고 시도해 왔다. 그것은 에너지를 따로 공급할 필요가 없는 기계였다! 즉, 일단 움직이기 시작하면, 혼자서 영원히 계속 움직이는 기계 말이다.

늘 배가 고픈 우리의 뺀질이 기자는 그것을 '영원한 공짜 식사'라고 부를 것이다. 과학자들은 그것을 '영구 운동 기계'라고 부른다.

> 잠깐만요! 19쪽에서 열역학 제2법칙에 따르면, 모든 것은 열의 형태로 에너지를 잃는다고 하지 않았나요? 그렇다면 어떤 것을 움직이게 하려면, 거기서 나오는 것보다 더 많은 에너지가 필요하지 않나요?

아주 똑똑한 독자

이야, 맞다! 게다가, 운동 에너지는 반드시 열 에너지를 어느 정도 잃게 마련인데, 그 결과 어떤 기계든 조만간 에너지가 바닥나 멈출 수밖에 없다. 1824년, 프랑스 과학자 니콜라 카르노(1796~1832)는 이러한 이유 때문에 증기 기관이 결코 완전하게 작동할 수 없다고 주장했다. 그렇지만 나는 영구 운동이 가능하다고 말한 적이 결코 없다. 그렇지? 그런데 과학자들이 이 사실을 확실히 알아내는 데에는 시간이 한참 걸렸다.

과학자의 친구
묻지마 교수에게 무엇이든 물어 보세요!

과학자로서 말 못 할 고민이 있다고요? 누군가에게 그 고민을 털어놓고 싶지 않으세요? 만약 그렇다면 즉각 제게 편지를 보내세요. 당신의 비밀은 우리의 56만 7000명 독자를 빼고는 철저하게 보호될 것입니다. 이번 주 주제는 '영구 운동' 입니다.

안녕하세요? 묻지마 교수님. 제가 이 영구 운동 기계를 만들었는데요, 제대로 작동하질 않는군요. 전 유명한 건축가인데, 이럴 리가 없거든요. 제가 잘못 생각한 걸까요?

빌라르 드 온쿠르(villard de honnecourt; 14세기에 활동)

온쿠르 씨, 당연히 잘못 생각 했죠! 바퀴와 굴대 사이의 마찰 때문에 당신의 바퀴는 결국 멈출 수밖에 없어요. 굴대는 마찰을 통해 바퀴의 운동 에너지를 열 에너지로 바꾸지요. 제 생각엔 당신은 에너지를 건축에 쏟아 붓는 게 좋을 것 같네요.

안녕하세요, 묻지마 교수님? 저는 과학에 홀딱 빠진 귀족이랍니다. 전 찰스 왕이 의회와 싸울 때 왕을 크게 도와줬다가 여러 차례 체포되어 감옥에 갇히기도 했지요. 뭐 그건 딴소리고, 어쨌든 제가 낙하하는 공으로 돌아가는 영구 운동 바퀴를 만들었어요! 제 그림을 보세요. 이것은 아주 오랫동안 잘 돌았는데, 갑자기 멈춰 섰어요. 왜일까요? 이제 제 머리가 바퀴보다 더 빨리 돌고 있어요. 도와주세요!

후작님, 낙하하는 공은 후작님의 바퀴에 아무런 영향도 끼치지 않아요. 바퀴가 멈추는 진짜 원인은 마찰 때문이랍니다. 온쿠르 씨에게 제가 답한 글을 보세요.

우스터 2대 후작, 에드워드 서머싯 (Edward Somerset; 1601~1667)

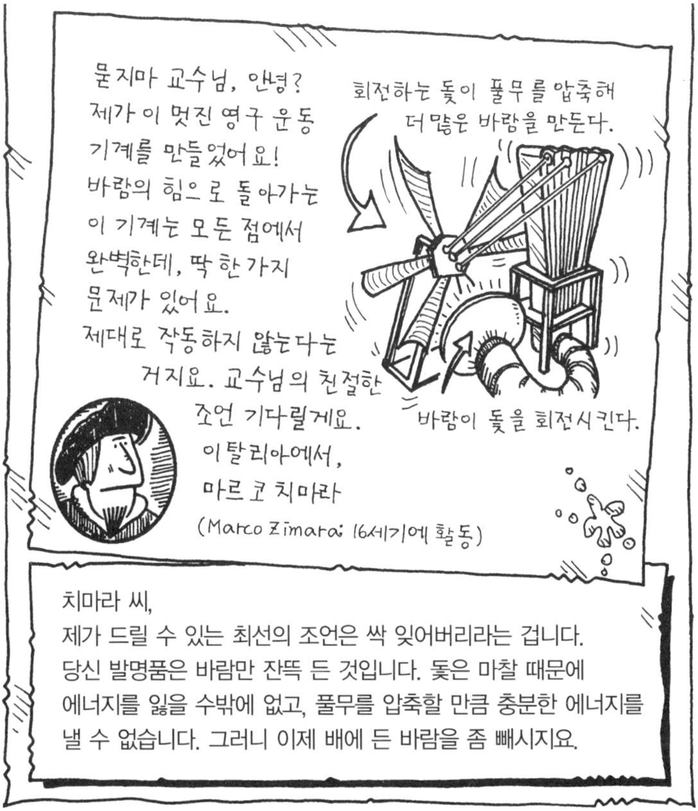

> 문지마 교수님, 안녕? 제가 이 멋진 영구 운동 기계를 만들었어요! 바람의 힘으로 돌아가는 이 기계는 모든 점에서 완벽한데, 딱 한 가지 문제가 있어요. 제대로 작동하지 않는다는 거지요. 교수님의 친절한 조언 기다릴게요.
> 이탈리아에서, 마르코 치마라
> (Marco Zimara: 16세기에 활동)

회전하는 돛이 풀무를 압축해 더 많은 바람을 만든다.

바람이 돛을 회전시킨다.

> 치마라 씨,
> 제가 드릴 수 있는 최선의 조언은 싹 잊어버리라는 겁니다. 당신 발명품은 바람만 잔뜩 든 것입니다. 돛은 마찰 때문에 에너지를 잃을 수밖에 없고, 풀무를 압축할 만큼 충분한 에너지를 낼 수 없습니다. 그러니 이제 배에 든 바람을 좀 빼시지요.

영구 운동 기계를 만들길 바라는 것은 강아지가 여러분 슬리퍼에 오줌을 싸지 않길 바라는 거나 같다. 이탈리아의 대천재 레오나르도 다 빈치(1452~1519)는 웅변적으로 이렇게 말했다.

> 오, 영구 운동을 쫓는 자들이여! 그것을 추구하면서 쓸데없는 것들을 얼마나 많이 만들어 냈는가!

그런데 다 빈치 자신도 영구 운동 기계를 만들었다(물론 제대로 작동했을 리 없다).

이탈리아 과학자 지롤라모 카르다노(1501~1576)는 수학을 사용해 영구 운동이 불가능함을 증명했다. 그런데 카르다노는 참으로 흥미로운 삶을 산 사람이다. 그는 엄격한 할머니 밑에서 자랐는데, 할머니는 카르다노가 조그마한 잘못만 저질러도 심한 벌을 주었다(여러분은 할머니를 잘 만나길 빈다). 카르다노는 의사 겸 과학자가 되었다. 당시 사람들은 불이 물질이라고 생각했는데, 카르다노는 불이 물질이 아니라고 주장했다. 그래서일까, 카르다노는 불에 타 죽을 위기에 처하게 되었다.

1570년, 교회는 점성술을 연구해 점을 치고, 또 기독교를 헐뜯는 이야기를 한다는 혐의로 카르다노를 체포했다. 카르다노는 잘못을 인정하지 않으면 고문을 받고 화형을 당할 것이라는 위협을 받았다. 그래서 잘못을 인정했을까? 여러분이라면 어떻게 하겠는가? 여러분처럼 카르다노도 현명한 선택을 했고, 감옥에서 풀려났다.

그런데 나중에 카르다노의 아들이 사람을 죽인 다음, 그 머리를 잘랐다. 카르다노는 아들과 결별하고, 정부 측에 '사악한 습관을 가진 젊은이'인 아들을 추방하라고 요구했다. 여러분 아버지는 설마 여러분이 좀 나쁜 습관을 가졌다고 해서 다른 나라로 추방할 만큼 인정머리가 없진 않겠지?

요컨대, 영구 운동은 불가능하다. 에너지 보존 법칙은 영구 운동을 허용하지 않는다.

그런데 이건 또 뭐야?

마침내 영구 운동이 실현되다!

요한 베슬러(일명 오르피레우스)가 1680년대의 최신 기술을 사용해 발명한 영구 운동 기계를 구경하세요!

위대한 의사이자 점쟁이, 화약 제조자, 화가, 시계 제조공, 만능 천재인 오르피레우스가 마침내 해냈습니다!

순전히 혼자서 해낸 거야!

입장료: 단돈 1천원

이야!

이 기계는 독일 최고의 과학자들이 꼼꼼하게 검사한 끝에 진짜 영구 운동 기계라고 인정했습니다.

자, 기계를 구경하셨으면 이제 이 책을 사세요. 나의 삶과 내가 얼마나 똑똑한지에 대해 쓴 600쪽짜리 책이랍니다.

오르피레우스의 위대한 영구 운동 기계

"……만 잔뜩 들어 있는 책!"
《독일 과학 신문》

"내가 읽은 책 중 가장 ……한 책!"
《일등 뉴스》

독자에게 드리는 충고

어리둥절할 필요 없습니다. 열역학 법칙이 깨어진 것은 아니니까요. 계속 읽어 보면 그 이유를 알게 될 것입니다.

나의 고백

요한 베슬러 씨의 하녀인 나, 그레텔은 내 주인이 사기꾼이고, 그 기계는 어수룩한 사람들을 속여 돈을 뜯어내기 위해 만든 것임을 만천하에 폭로하고자 한다.
베슬러 씨는 아내가 저금해 둔 돈을 몽땅 다 털어 넣어 이 기계를 만들었지만, 아무에게도 그 내부를 들여다보지 못하게 했다. 이 기계를 진짜 영구 운동 기계라고 판정한 과학자들조차 그 내부를 들여다보진 않았다.
왜 그랬을까? 그 속에는 옆방에서 손잡이를 돌려 바퀴를 돌아가게 만드는 장치가 숨겨져 있었기 때문이다!
내가 어떻게 아느냐고? 사람들이 그 기계를 구경하러 올 때마다 옆방에서 뼈 빠지게 손잡이를 돌린 사람이 바로 나니까!

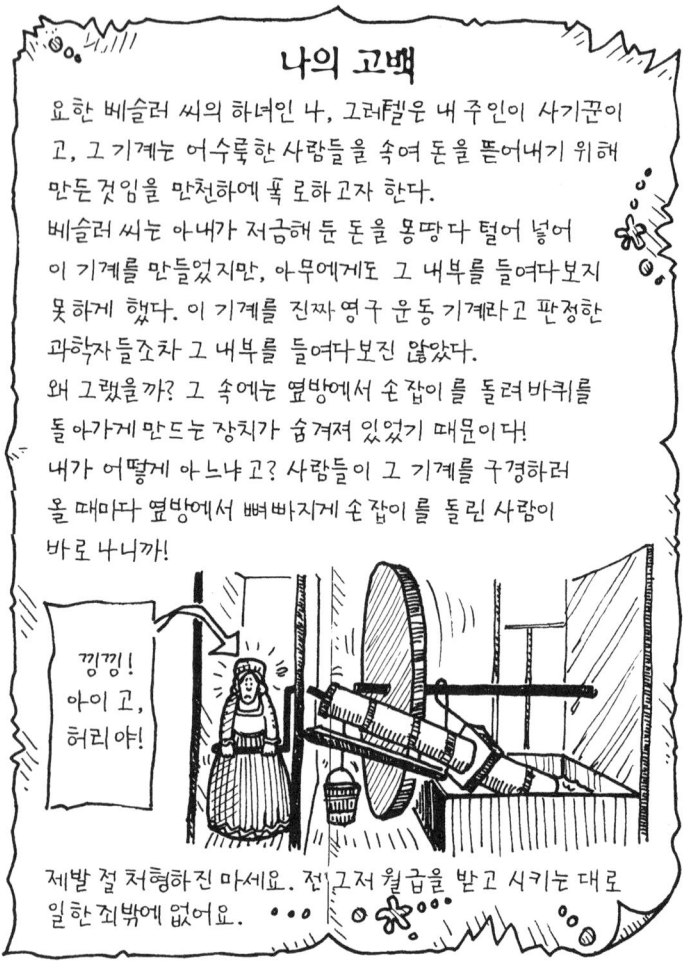

끼잉! 아이고, 허리야!

제발 절 처형하진 마세요. 전 그저 월급을 받고 시키는 대로 일한 죄밖에 없어요.

그랬다! 베슬러의 기계는 근육의 힘으로 돌아갔던 것이다! 마침 다음 장에서는 이것과 관련이 있는 주제를 다룬다. 음, 그것이 무엇인지는⋯⋯ 말하지 않겠다. 미리 밝히면 여러분의 흥미가 반감될 테니까.

그래도 힌트는 주겠다. 그것은 뜨겁고, 땀이 나고, 여러분과 밀접한 관계가 있는 것이다.

우리의 몸은 에너지를 어떻게 만들까?

이 장에서는 우리의 몸이 에너지를 어떻게 사용하는지 살펴보려고 한다. 즉, 우리의 몸이 음식물에서 어떻게 에너지를 얻어 움직이는지 알아보기로 하자. 뺀질이 기자는 지금 팝콘 그릇을 들고 텔레비전 앞에 퍼질러 앉았군…….

공포의 에너지에 관한 X-파일

이름 : 신체와 에너지

기초 사실 : 1. 몸은 살아 있는 기계이다. 음식물에 저장된 에너지를 운동 에너지로 바꾸어 근육을 움직이게 한다.

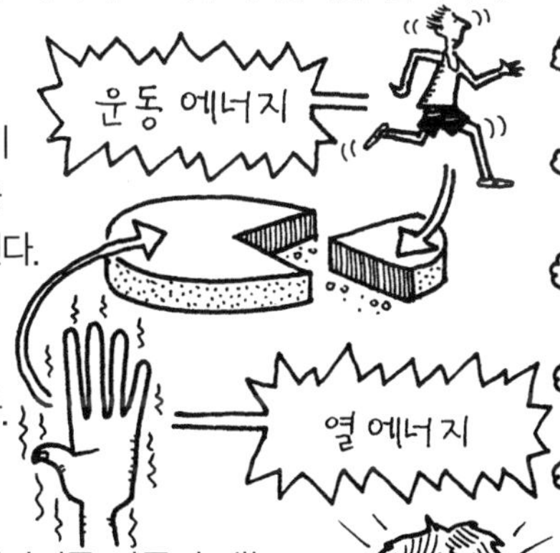

2. 우리 몸의 근육이 사용하는 에너지 중 $\frac{1}{4}$만 운동에 사용된다. 나머지는 열 에너지로 변해 몸에서 빠져 나간다.

끔찍한 사실 :
여러분 몸속에서 에너지를 만들어 내는 작은 동물이 한때 죽음의 세균이었다는 사실을 알고 있는가?
계속 읽어 보라. 더욱 소름끼치는 사실들을 알게 될 것이다.

힘든 운동에 얽힌 비밀

운동 선수에게는 힘든 운동도 늘 하는 일상사에 지나지 않는다. 케냐의 마라톤 선수 테글라 라루프는 매일 10km를 걸어 학교에 다녀야 했는데, 늦으면 벌을 받았기 때문에 달리기 시작했다고 한다. 얼마 후부터 그녀는 일주일에 192km를 달렸다. 이것은 학교까지 뛰어갔다가 다시 곧장 집으로 돌아와 또 학교로 달려가는 것과 비슷하다. 그리고 오후에 이것을 한 번 더 반복해 일주일 내내 학교 가는 날마다 계속해야 한다.

여러분도 그러고 싶지?

운동 이야기가 나왔으니, 매력적인 휴일의 운동을 소개하고자 한다. 아마 게으르기로 유명한 뺀질이 기자도 가만히 누워 있지 않고 벌떡 일어날걸?

규칙 1. 절대로 잠이 들어서는 안 됨. **2.** 계속 움직여야 함. 충분히 빠른 속도로 춤을 추지 않는 사람은 젖은 수건으로 다리를 찰싹 얻어맞음. **3.** 한 시간에 5분씩 휴식 시간이 있음. 이 시간을 이용해 화장실에도 다녀오고, 생명에 지장이 없는지 의료 검진도 받을 수 있음. **4.** 댄스 마라톤을 하는 도중에 죽는다면, 실격 처리함.

알아 두어야 할 중요한 사실

방금 안 사실인데, 극도의 피로로 여러 사람이 미치자, 1937년부터 미국에서는 댄스 마라톤이 금지되었다고 하는군요. 그렇다면 이 즐거운 휴일 행사는 취소합니다! 예약하신 분들은 예약금을 돌려받을 수 있습니다. 단, 우리가 그 돈을 어디다 숨겼는지 찾아내야 할 것입니다.

그런데 1940년대에도 댄스 마라톤은 비밀리에 계속 열렸다고 한다.

난장판으로 끝난 떠들썩한 선상 파티
뉴욕 뉴스

불법 댄스 마라톤이 열리고 있던 현장을 경찰이 급습했다. 춤추던 사람들이 교도소로 끌려갈 뻔했으나, 댄스 마라톤 주최 측은 아직도 춤추고 있던 사람들을 트럭에다 태웠다. 트럭 위에서 캉캉 춤을 추던 그들은 부두에 내려서도 깡충깡충 뛰며 춤을 추다가 배로 옮겨 탔다.

배는 그들을 안전하게 춤을 출 수 있는 미국 영토 밖으로 실어 갈 참이었다. 그러나 일단 바다로 나오자, 돌발 상황이 발생했다. 뱃멀미 때문에 춤을 추던 파트너가 뱃전으로 달려가곤 했기 때문이다. 한 사람은 이렇게 말했다. "신나게 춤을 추는 것도 잠시, '잠깐 실례!'라고 외치고는 달려가 먹은 것을 다 게워 냈지요."

앗, 이렇게 재미있는 과학이!

휴일을 알차게 보내는 방법

댄스 마라톤이 너무 시시하다고요?

그러면 이건 어때요?

미국 서부 지옥 마라톤 체온보다 더 높은 온도 속에서 80km를 달려야 하는데, 그것도 10시간 안에 주파해야 합니다!

경고!
뜨거운 열기 속에서 수분을 많이 잃기 때문에, 완주하고 나면 체중이 7%까지 줄어들 수 있습니다!

← 출발시
← 도착시

그리고 이왕이면 이것까지 도전하는 게 어때요?

하와이 철인 3종 경기

철퍼덕!
쓩쓩!
쌔애앵!

1. 3.8km
수영 코스

2. 180km
자전거 코스

3. 42.2km
마라톤 코스를 달립니다. 휴식 시간도 전혀 없어요!

> **경고!**
> 이 모든 코스를 완주하는 데에는 하루의 시간만 주기 때문에, 서둘지 않으면 집으로 가는 비행기를 놓치게 됨! 그러면 헤엄을 쳐서 태평양을 건너가야 함!

그런데 이 모든 에너지는 아주 궁금한 과학적 의문을 제기한다. 우리의 몸은 저장된 음식물 에너지를 어떻게 운동 에너지로 바꾸는 것일까? 어떻게 지긋지긋한 학교 급식이 여러분을 세계 신기록을 세우는 운동 선수로 만들 수 있을까?(지금 여러분이 설사가 나서 화장실로 달려가는 이야기를 하고 있는 건 아니다.)

먼저 여러 가지 가설부터 살펴보면……

1. 300년 전에 과학자들은 근육에 화약이 들어 있어 그것이 폭발하면서 근육을 움직인다고 믿었다. 이 가설은 생각만큼 전혀 터무니없는 이야기는 아니다. 화약도 에너지를 저장하고 있는 물질이고, 근육도 저장된 음식물 에너지를 사용하기 때문이다(믿어지지 않는다면 아래의 설명을 읽어 보라). 물론 이 가설은 얼마 안 가 폭발해 사라지고 말았다.

2. 프랑스 화학자 앙투안 라부아지에(1743~1794)는 연소와 호흡에 관심을 기울여 연구했는데, 힘든 일을 할 때에는 숨을 더 많이 쉰다고 지적했다. 즉, 우리 몸이 공기를 더 많이 사용한다는 이야기인데, 라부아지에는 음식물을 에너지로 바꾸기 위해 폐에서 일종의 연소 작용이 일어나고 있다고 추측했다.

3. 그러자 조세프 라그랑주(1736~1813)라는 과학자는 만약 폐에서 음식물을 연소시킨다면 폐에 불이 날 것이라고 말했다. 설사 아주 매운 고추를 먹더라도, 여러분 폐에서는 이런 일이

절대로 일어나지 말아야 할 텐데…….

4. 독일 과학자 유스투스 폰 리비히(1803~ 1873)는 신체의 생명력이 근육을 움직인다고 생각했다.

그러나 당시에 아주 똑똑하고 생각이 깊었던 이들 과학자 중 정확하게 진실을 알아낸 사람은 아무도 없었다. 우리 몸이 에너지를 어떻게 사용하느냐는 질문에 대한 답은 아주 작은 것에 달려 있다. 얼마나 작으냐고? 그러니까 지름이 0.02mm 정도 되는 것이다. 그것은 세포라고 부르는 것인데, 세포가 어떻게 그런 일을 하는지 더 자세히 알고 싶으면, 그 유명한 지킬 박사와 하이드 씨가 쓴 '신체의 작용에 관한 비밀' 이란 문서를 읽어 보라. 지킬 박사는 평소에는 아주 점잖고 상냥하지만, 약을 한 모금 마셨다 하면 피에 굶주린 살인 괴물로 변한다.

신체의 작용에 관한 비밀

지킬 박사와 하이드 씨 씀

서론

지킬 박사의 글 : 독자 여러분, 신체의 작용에 관한 비밀을 밝혀 주는 이 작은 책을 집어든 것을 축하한다. 재미있는 그림을 곁들여 흥미진진한 사실을 알기 쉽게 설명한 이 책은 분명 여러분 마음에 쏙 들 것이다.

지킬 박사

하이드 씨의 글 : 크르르! 이 멍청한 독자 녀석들! 끝까지 달달 외우면서 읽지 않으면, 내가 집으로 찾아가 심장을 꺼내 오도독 씹어 먹을 거야! 후루룩 쩝쩝! 음, 생각만 해도 군침이 도는군. 하하하!

제1장 세포에게 먹이 공급하기

지킬 박사의 글 :

우리 몸은 수조 개의 세포로 이루어져 있는데, 세포는 단백질을 합성하기 위해 에너지가 필요하다. 단백질은 우리 몸을 이루는 모든 부분을 만드는 데 기초 성분으로 사용되는 화학 물질이다. 모든 세포는 살아 있는 아주 작은 기계인데, 그 안에서 미토콘드리아라고 하는 더 작은 물질이 에너지를 생산하고 있다.

미토콘드리아는 포도당을 사용해 에너지를 생산한다. 포도당은 밀가루, 빵, 곡물, 그리고 과자같은 달콤한 식품에 들어 있는 일종의 당분이다.

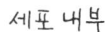

세포 내부

아아악! 지겨운 소리 그만 해! 빵으로 지킬 박사의 콧구멍을 꽉 막아 버릴까 보다. 너희들의 세포는 피에서 포도당을 먹는다. 그러니 포도당이 필요하면 다른 사람의 피를 마시는 게 어때? 그것도 아직 따끈하고 김이 모락모락 날 때 말이야! 하하하!

제2장 몸에 사용되는 에너지

미토콘드리아가 어떻게 에너지를 만들어 내는가라는 질문에 대한 답은 두 가지가 있다. 하나는 간단한 것이고, 하나는 과학적으로 아주 자세한 설명이다. 물론 나는 과학자이기 때문에, 아주 자세한…….

난 자세한 게 싫어! 지겹잖아! 자세한 것을 원하는 사람이 있으면, 자세하게 썰어서 고양이 먹이로 만들어 버릴 거야! 어쨌든 여러분의 미토…뭐시기는 지가 알아서 에너지를 생산하니까, 우리가 신경 쓸 필요가 뭐가 있겠어?
그렇잖아?

그 과정을 쉽게 이해할 수 있도록 아래에 도표로 그렸다.

세포는 에너지를 어떻게 생산하는가?

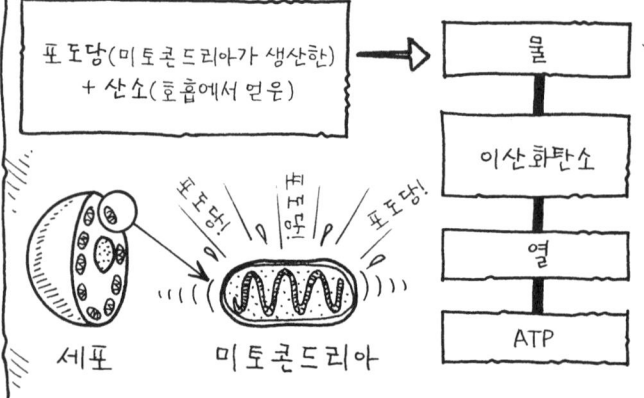

ATP, 곧 아데노신삼인산은 아주 흥미로운 화학 에너지 저장 장소이다. ATP는 세포 내에서 필요한 곳으로 이동하여 에너지를 만들어 근육을 움직이게 하거나 세포에서 새로운 부분을 만들어 낸다.

그리고 우리 몸은 산소가 없어도 에너지를 만들어 낼 수 있다. 나를 보고 기겁하여 달아나는 사람처럼 말이다. 그렇지만 그 사람은 세포에 산소를 충분히 공급할 수 없기 때문에, 숨을 헐떡이게 된다. 하하하! 그 사람의 세포들은 산소 없이 에너지를 만들려고 노력하지만, ATP를 충분히 만들어 낼 수 없어 곧 내게 붙잡히고 만다. 그러면 나는 그 사람의 눈알로 공기놀이를 하는 거지! 하하하!

★ 요건 몰랐을걸!

1. 세포가 산소를 사용하지 않고 에너지를 만들 때에는 근육에 젖산이 쌓이게 된다. 젖산은 상한 우유 속에 생기는 물질이다. 그러니까 여러분 근육에 쥐가 나는 것은 근육 속에 상한 우유가 가득 찬 것과 같다. 그러니 기분이 좋을 리 없지!
2. ATP에는 인산이 들어 있는데, 인산은 인(오줌 속에서 발견된 바로 그 물질)의 화합물이다. 지금 바로 이 순간, 여러분 몸 속에는 약 90mL의 ATP가 돌아다니고 있는데, 여러분을 계속 살아 있게 하기 위해서는 세포들이 끊임없이 ATP를 만들어 내야 한다.

미토콘드리아에 관한 흥미로운 이야기

1. 지금 이 순간, 여러분 몸속에서는 약 1경 개의 미토콘드리아가 에너지를 생산하고 있다. 미토콘드리아는 아주 작아서 약 100억 개를 모아 놓아도 모래 한 알 크기밖에 되지 않는다.

2. 미토콘드리아는 적갈색 지렁이처럼 생겼으며, 둘로 갈라지면서 그 수가 불어난다. 과학자들은 미토콘드리아가 원래는

외부에 살던 세균이었는데, 약 10억 년 전에 우리 세포 속으로 들어와 붙어살게 되었다고 생각한다. 미토콘드리아는 처음에는 기생충이었지만, 곧 우리 세포와 사이좋게 한 집 안에서 살게 된 것이다.

그러니까 여러분이 뭔가를 먹고 숨을 쉬는 것은 외부에서 침입해 여러분 몸속에 숨어 있는 기생충을 먹여 살리기 위한 것이다.

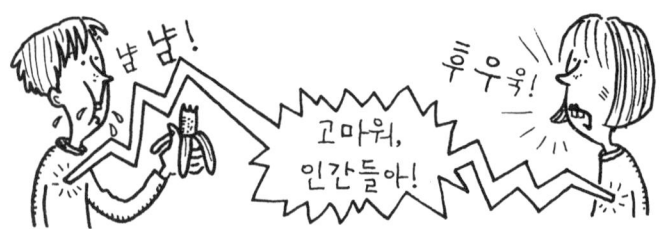

3. 우리는 미토콘드리아를 어머니에게서 물려받는다. 미토콘드리아는 난자에 있는 유전자를 통해 전달되기 때문이다. 물론 여러분의 에너지가 얼마나 왕성한가 하는 것에는 건강이나 음식 같은 여러 가지 요인이 관여하지만, 기본적으로 에너지를 생산하는 기계는 어머니에게서 얻은 것이다.

울끈불끈 근육

신체 부위 중에서 에너지가 가장 필요한 곳은 근육이다. 근육이 우락부락하든지 아니면 다이어트를 해 몸이 대꼬챙이처럼 가냘프든지 간에 근육은 ATP에 저장된 화학적 에너지를 운동 에너지로 바꾼다.

그러면 근육에 관해서 간단하게 살펴보고 넘어가기로 하자.

공포의 에너지에 관한 X-파일

이름 : 근육

기초 사실 : 1. 영어로 근육을 '머슬'(muscle)이라 하는데, 이것은 라틴어로 '작은 생쥐'란 뜻이다. 로마 사람들은 근육이 피부 밑에서 쪼르르 뛰어다니는 생쥐처럼 생겼다고 생각했다.

2. 모든 근육은 근섬유가 다발처럼 모인 것인데, 근섬유는 뇌에서 보낸 신경 신호에 반응해 수축한다. 수축했던 근섬유가 이완할 때에는 근육도 이완한다.

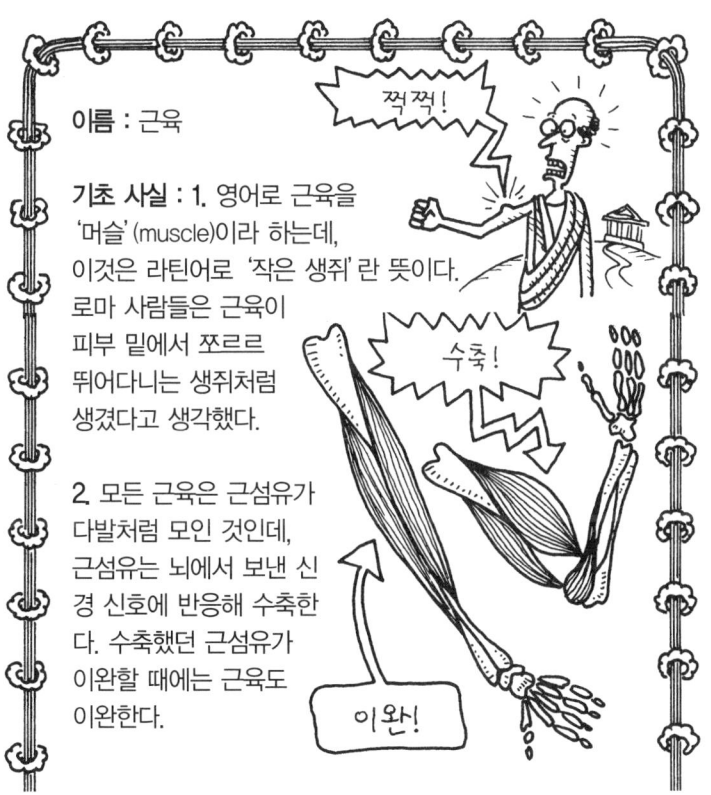

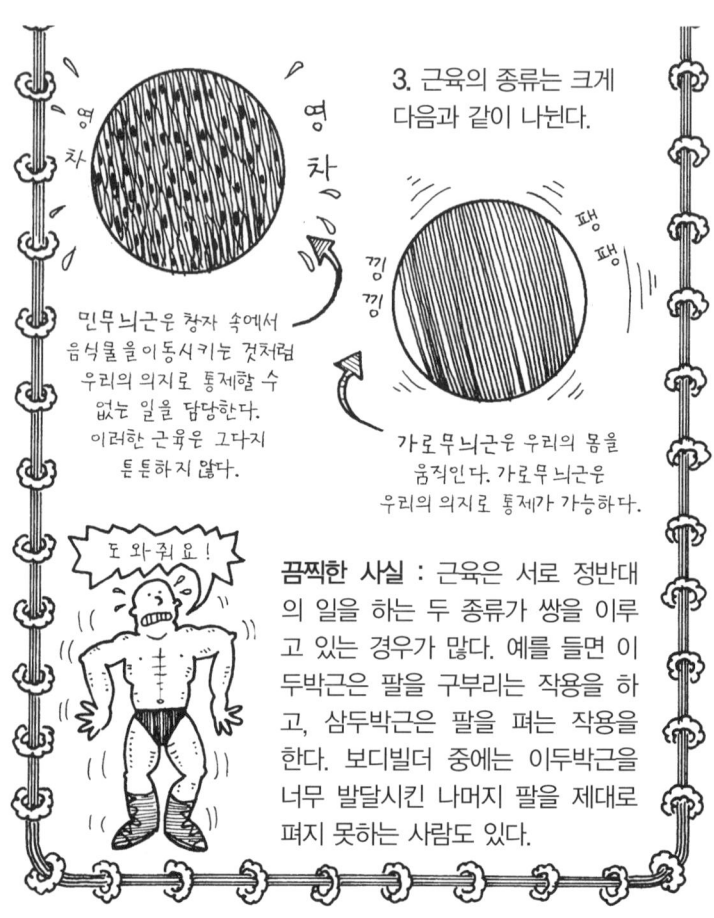

3. 근육의 종류는 크게 다음과 같이 나뉜다.

민무늬근은 창자 속에서 음식물을 이동시키는 것처럼 우리의 의지로 통제할 수 없는 일을 담당한다. 이러한 근육은 그다지 튼튼하지 않다.

가로무늬근은 우리의 몸을 움직인다. 가로무늬근은 우리의 의지로 통제가 가능하다.

끔찍한 사실 : 근육은 서로 정반대의 일을 하는 두 종류가 쌍을 이루고 있는 경우가 많다. 예를 들면 이두박근은 팔을 구부리는 작용을 하고, 삼두박근은 팔을 펴는 작용을 한다. 보디빌더 중에는 이두박근을 너무 발달시킨 나머지 팔을 제대로 펴지 못하는 사람도 있다.

자, 이제 우리 몸이 어떻게 미토콘드리아에서 에너지를 생산하고, 그것이 근육에서 사용되는지 알겠지? 어때, 우리 몸의 작용은 정말로 놀랍지? 그래도 아직 약간의 에너지가 남아 있다면, 다소 골치 아픈 다음 퀴즈에 도전해 보라.

에너지에 관한 알쏭달쏭 퀴즈

각 문제마다 보기가 두 가지밖에 없으니까, 아주 쉽게 풀 수 있을 것이다. 설마 동전을 던져 결정하진 않겠지?

1. 아기는 어른보다 이것이 더 많은 경우가 많다. 이것은 무엇일까?
   a) 몸속에 내장된 중앙 난방 장치
   b) 찬 피
2. 텔레비전을 한 시간 보는 동안 몸에서 빠져 나가는 열 에너지는 얼마나 될까?
   a) 전기 히터만큼
   b) 전구 하나만큼
3. 다음 중 옳은 것은?
   a) 게으른 사람은 에너지를 덜 쓰기 때문에 열심히 일하는 사람보다 더 오래 산다.
   b) 열심히 일하다가 죽은 사람은 아무도 없다(내멋대로 박사가 즐겨 하는 말임).

4. 왜 애들은 어른보다 에너지가 더 넘치는 것처럼 보일까?
   a) 어른보다 에너지를 더 빨리 만들기 때문에.
   b) 나이에 상관없이 모든 사람이 똑같은 양의 에너지를 만들지만, 어른은 게으름을 피우길 좋아하기 때문에.
5. 왜 어떤 사람은 체중이 지나치게 많이 불어날까?

a) 필요한 것 이상으로 많이 먹기 때문에.
b) 몸이 음식물을 더 느리게 연소시키고, 여분의 음식물을 지방으로 저장하기 때문에.
6. 뇌가 에너지를 가장 많이 사용하는 때는?
a) 과학 시험을 볼 때.
b) 꿈을 꿀 때.
7. 왜 사람들은 아침에 피곤함을 느낄까?
a) 밤 동안에 아무것도 먹지 않아 몸에 에너지가 부족하기 때문에.
b) 뇌에 포도당이 필요하기 때문에.

답 :
1. a) 정말이다! 아기의 몸에는 중앙 난방 장치가 있다! 아기의 몸에는 갈색 지방이라는 특별한 지방이 있는데, 어른의 몸에는 이것이 얼마 없다. 갈색 지방 속의 미토콘드리아는 여분의 열을 더 낼 수 있는 방식으로 연료를 처리하는데, 그래서 아기의 몸을 따뜻하게 해 준다.
2. b) 달리기를 할 때에는 전구 10개에 해당하는 열이 나온다. 스쿼시를 7분 동안 하면 물 1리터를 끓일 수 있는 열이 나온다.

3. b) 빤질이 기자, 죄송! 미국 과학자 레이먼드 펄(1879~1940)은 1927년에 쓴 '왜 게으른 사람이 더 오래 사는가?'라는 제목의 논문에서 a)를 주장했다. 그러나 펄은 자신의 충고

를 따르지 않았다. 그는 논문을 700여 편이나 썼고, 책도 17권이나 썼다. 그러고도 61세까지 살았다.

4. a) 어린이의 미토콘드리아는 활동적인 생활과 몸의 성장을 위해 에너지를 최대한 생산하고 있다. 그렇지만 나이가 들수록 그 생산 속도가 점차 느려진다. 그러다가 늙은 선생님 나이가 되면 행동이 매우 느려진다.

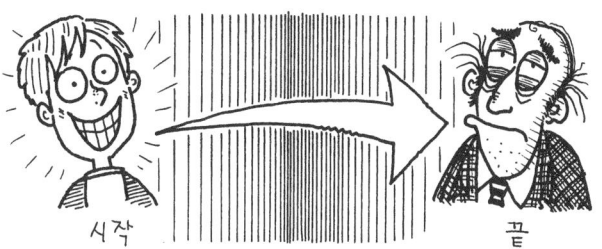

5. a) 체중이 많이 나가는 사람은 가벼운 사람보다 더 많은 에너지를 만든다(무거운 몸을 움직이는 데 더 많은 에너지가 필요하므로). 얼마 안 먹어도 살이 찌는 사람이 있다는 이야기는 식습관을 솔직하게 털어놓지 않은 사람들을 대상으로 한 조사에서 나온 결과에 지나지 않는다. 뚱뚱한 사람은 음식 욕심이 많아서 그럴 것이라고 생각하는 사람도 있을 테지만, 뚱뚱한 사람은 마른 사람보다 배가 부르다고 느끼는 데 시간이 더 많이 걸린다는 사실이 밝혀졌다.

6. b) 만약 여러분이 과학 시험을 보다가 꿈을 꾸기 시작하면, 뇌는 깨어 있을 때보다도 더 많은 에너지를 사용한다! 그러니 시험을 치는 도중에 콜콜 자다가 선생님에게 걸리면 이 이야기를 해 주어라.

7. b) 뇌가 에너지를 만들려면 포도당이 필요하다. 여러분의 혈액 속에는 겨우 한 시간 분량의 포도당밖에 들어 있지 않지만, 간에는 글리코겐이라는 물질의 형태로 포도당이 저장돼 있다. 아침이 되면 뇌가 배고픔을 느끼기 때문에, 당장 포도당을 원한다. 아침에 깨어났을 때 피곤하고 머리가 텅 빈 듯한 느낌이 드는 것은 이 때문이다.

선생님을 골려 주는 문제

오후 3시 무렵에 교무실 문을 똑똑 두드리라. 문이 열리고 선생님이 나오면, 방긋 미소를 지으면서 이렇게 물어 보아라……

답 : 그렇다. 캘리포니아 대학의 과학자 로버트 세이어는 많은 사람을 면담하며 조사해 보았다.
세이어가 알아낸 것에 기초해, 선생님의 하루 중 에너지 변화를 알아보자.

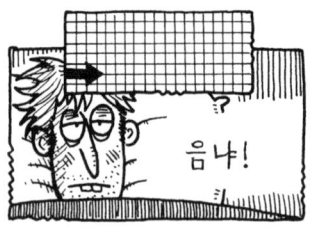
오전 7시 : 기상.
머리가 무겁고 피곤하다.

오전 11시 : 에너지
수준이 높아진다.

오후 3시 : 에너지 수준이 낮아진다.

오후 7시 : 에너지 수준이 높아진다.

오후 11시 : 에너지 수준이 다시 낮아져 잠을 잔다.

피로를 느끼면 기분도 좋지 않은데, 최선의 치료법은 운동이다. 음, 그런데 진작 경고했어야 하는 건데…….

물론 선생님은 뜨거운 차를 한 잔 마시면서 기운을 차리려고 할 수도 있다. 그런데 찻잔 속에서는 아주 흥미로운 일이 일어나고 있다. 차에서 열이 퍼져 나가면서 잔을 뜨겁게 하고, 또 선생님을 뜨겁게 하고…… 그리고 결국에는 나머지 우주 전체를 뜨겁게 한다.

도대체 어떤 일이 일어나고 있는 걸까?

드디어 열의 비밀을 파헤칠 때가 되었다!

죽음의 열

앞에서 우리는 추위(열 에너지가 부족한 상태)에 대해 알아보았는데, 이번에는 열에 대해 자세히 알아보기로 하자. 드디어 이 책의 핵심 주제를 다룰 때가 된 것이다. 이것은 우주에서 가장 뜨거운 장소만큼 뜨거운 주제가 될 것이다!

그렇지만 우선 여러분의 상상력에 불을 지피는 질문을 하나 던져 보자.

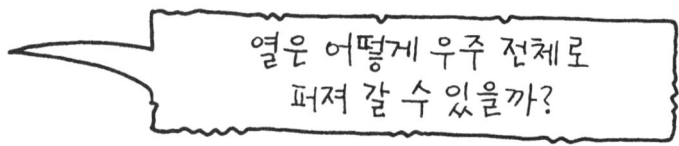

열은 어떻게 우주 전체로 퍼져 갈 수 있을까?

오, 저런! 너무 골치 아픈 질문이었나? 우리는 부글부글 씨에게 이 질문에 대한 답을 가르쳐 달라고 부탁했다. 음, 끝까지 열 받지 않고 냉정을 유지할 수 있길 빈다.

〈앗, 이렇게 재미있는 과학이!〉 질문 보따리 시간

전도 현상

전도 현상은 우리 주변에서 흔히 볼 수 있다. 전도를 막음으로써 열의 전달을 차단하기 위해 부도체를 사용하는 경우가 있는데, 이러한 물질을 단열재라 부른다.

★ 요건 몰랐을걸!

추운 날씨에 땅에 쌓아 둔 거름 더미에서 김이 모락모락 나는 걸 볼 수 있다. 거기서 나는 열은 똥을 맛있게 먹어치우는 수백억 마리의 미생물이 만들어 낸다. 거름에는 많은 공기와 물, 반쯤 소화된 식물이 많이 들어 있다. 이것들은 모두 훌륭한 부도체여서 거름 더미 속의 온도가 점점 올라가다가 마침내 김이 모락모락 피어오르게 되는 것이다. 거기서 증기욕을 하고 싶지 않아?

★ 요건 몰랐을걸!

제2차 세계대전 때 독일군이 소련을 침공하여 1941년 11월에는 수도인 모스크바 바로 앞까지 진격해 갔다. 그러나 어느 날 밤, 갑자기 기온이 뚝 떨어졌다. 수천 명의 병사가 동상에 걸려 썩은 발을 잘라 내야 했다. 독일군은 쇠못이 박힌 군화를 신었는데, 쇠못은 열을 잘 전달하므로 발에서 열을 쉽게 빼앗아 갔다. 반면에 소련군은 부도체인 펠트로 만든 군화를 신었다. 결국 그 전쟁에서 소련군이 이기고, 독일군은 발을 잃고 달아나야 했다. 이왕 부도체 이야기가 나온 김에……

직접 해 보는 실험 : 양말은 얼음에 대해 어떻게 반응하는가?

준비물 :

햇볕이 잘 드는 창턱이나 밝은 전등

양말(뭐, 꼭 깨끗한 것이어야 할 필요는 없지만, 고린내가 나면 기분이 안 좋겠지?)

정육면체 모양의 작은 얼음 두 개

접시 두 개

손가락을 보호하기 위한 장갑

실험 방법 :

1. 장갑을 낀다. 얼음 하나를 접시 위에 올려놓는다.

2. 또 하나의 얼음을 양말 속에 넣고, 양말로 그 주위를 친친 감싼다. 양말을 두 번째 접시 위에 올려놓는다.

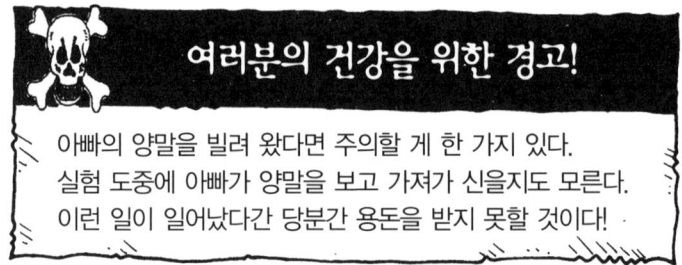

여러분의 건강을 위한 경고!

아빠의 양말을 빌려 왔다면 주의할 게 한 가지 있다. 실험 도중에 아빠가 양말을 보고 가져가 신을지도 모른다. 이런 일이 일어났다간 당분간 용돈을 받지 못할 것이다!

3. 얼음과 양말을 전등에서 15cm쯤 떨어진 곳에 둔다.

4. 그대로 45분 동안 내버려 둔다.

실험 결과, 어떤 사실을 알 수 있는가?

a) 두 얼음이 모두 녹았다.

b) 접시에 있는 얼음은 녹았지만, 양말 속에 든 얼음은 녹지 않았다.

c) 양말 속에 든 얼음은 녹았지만, 접시에 있는 얼음은 녹지 않았다.

답 : b) 양말 속에 든 얼음은 반쯤만 녹아 있을 것이다. 양말은 훌륭한 부도체이다. 어떤 물체가 이미 충분히 차가울 경우, 부도체로 그 주위를 꽁꽁 둘러싸면 차가운 온도를 계속 유지할 수 있다! 그러니까 실험에서는 다음과 같은 일이 일어난 것이다.

나도 과학자가 될 수 있을까?

1960년, 미 공군은 자원자를 모집해 사람이 얼마나 높은 온도까지 견딜 수 있는지 실험했다. 그 실험에서 260°C에서도 살아남을 수 있다는 결과가 나왔는데, 이것은 물이 끓는 온도보다 높고, 지글지글 타는 스테이크보다 높은 온도이다. 그런데 실험에 자원한 사람들은 어떤 옷을 입었을까?

a) 아무것도 걸치지 않았다.
b) 그냥 보통 옷으로 온몸을 감쌌다.
c) 불이 붙지 않는 옷을 입었다.

답 : b) 옷을 입으면 60°C나 더 높은 열에도 견딜 수 있다. 열이 피부에 직접 닿는 것을 옷이 막아 주기 때문이다.

★ 요건 몰랐을걸!

핀란드에서 열리는 세계 사우나 챔피언 대회에 참가하는 사람들은 온도가 43°C(이것은 뜨거운 사막의 온도와 비슷하다!)나 되는 사우나실에 들어가 앉는다. 그 목적은 땀을 흘려 피부에서 오물을 배출하는 것이지만, 참가자는 모두 수영복을 입어야 했다. 대회 주최 측에서 수영복을 입지 않으면 예의에 어긋난다고 판단했기 때문이다.

그런데 열파는 사우나만큼 뜨거울 수 있다. 가끔 미국 남부에는 살인 열파가 몰아닥치곤 한다. 예를 들면 1980년에는 기온이 37.7°C 이상으로 치솟는 바람에 수천 명이 사망했다. 텍사스 주 댈러스에서 아동 학대 행위 방지 업무를 맡고 있던 한 공무원은 이렇게 말했다.

지난 몇 주일 동안에 접수 건수가 엄청나게 늘어났어요. 기온이 높아지면 화가 폭발하기 쉬워지기 때문이지요.

맞는 말이다. 슬프게도, 일부 성급한 부모들은 자녀에게 화풀이를 하곤 한다. 그러니 명심해 두라. 아빠가 땀을 삐질삐질 흘리고 있을 때에는 절대로 용돈을 더 달라고 조르지 말라!

열파 이야기가 나왔으니 하는 말인데, 기온이 항상 펄펄 끓는 장소가 있다. 이곳은 지구에서 가장 더운 곳에 속한다. 얼마나 더운지 이곳에서는 항상 더위 때문에 죽는 사람이 나온다. 옛날에 이곳을 방문한 한 사람은 이렇게 말했다.

그곳은 바로 캘리포니아 주에 있는 '죽음의 계곡'이다. 〈체험! 극한 상황〉 잡지사에서는 이곳에 대한 특집 기사를 쓰기 위해 겁 없고 용감무쌍한 기자를 파견하기로 결정했다. 그렇지만 그런 기자는 아무도 없었다. 그래서……

뺀질이 기자의 기상천외한 모험

편집 부장이 날 보자고 해서 갔지만, 난 이미 빠져 나갈 핑계를 생각해 두었다.
"전 못 가요!" 나는 신음하는 목소리로 말했다.
"제발 북극에는 보내지 말아 주세요. 저체온증에다가 발가락까지 다 떨어져 나갈 뻔했다고요!"
편집 부장은 팔짱을 끼더니, 고개를 흔들었다.
"징징거리는 소리 좀 그만 해! 걱정 마, 북극에는 보내지 않을 테니까. 일사병이나 화상, 열병이라면 모를까, 저체온증이나 동상 같은 건 구경도 못 할 거야."
그러더니 그녀는 내게 새로운 임무를 주었다. 그것은 죽음의 계곡에 가서 열이 얼마나 대단한지 특집 기사를 쓰는 것이었다.
'죽음의 계곡'이라! 이름만 들어도 등골이 서늘했다. 아니, 화끈했다고 해야 하나? 그렇지만 아빠는 늘 말씀하셨지.
우리 뺀질이 가문은 상한 돼지고기 파이와 같다. 아무도 우릴 굴복시킬 순 없다고! 그래서 나는 이렇게 생각했다. '까짓거 아무것도 아냐! 가서 그곳 경치나 구경하고 오지 뭐.', 그러고는 곧 여행 계획을 짜기 시작했다(음, 딱 5분간만. 그 다음에는 텔레비전을 보았다). 나는 선글라스, 자외선 방지 크림 26개, 자외선 차단제 5병, 노트북 컴퓨터, 차가운 음료수 한 궤짝,

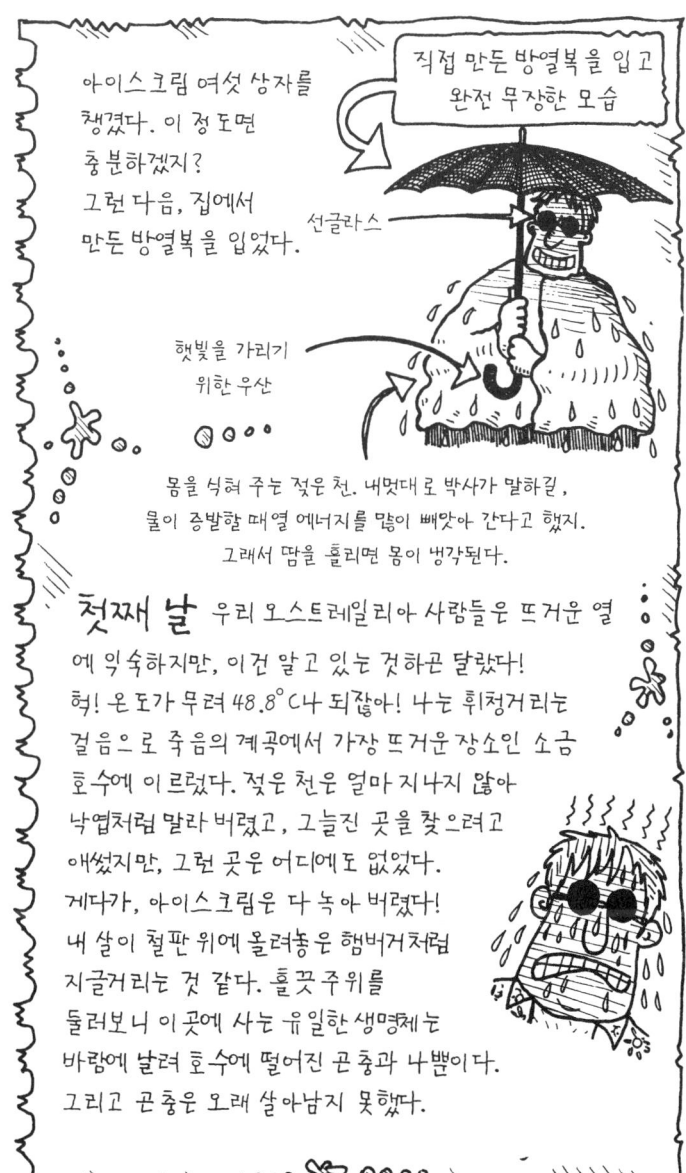

아이스크림 여섯 상자를 챙겼다. 이 정도면 충분하겠지? 그런 다음, 집에서 만든 방열복을 입었다.

직접 만든 방열복을 입고 완전 무장한 모습

선글라스

햇빛을 가리기 위한 우산

몸을 식혀 주는 젖은 천. 내멋대로 박사가 말하길, 물이 증발할 때 열 에너지를 많이 빼앗아 간다고 했지. 그래서 땀을 흘리면 몸이 병각된다.

첫째 날 우리 오스트레일리아 사람들은 뜨거운 열에 익숙하지만, 이건 알고 있는 것하곤 달랐다! 헉! 온도가 무려 48.8°C나 되잖아! 나는 휘청거리는 걸음으로 죽음의 계곡에서 가장 뜨거운 장소인 소금 호수에 이르렀다. 젖은 천은 얼마 지나지 않아 낙엽처럼 말라 버렸고, 그늘진 곳을 찾으려고 애썼지만, 그런 곳은 어디에도 없었다. 게다가, 아이스크림은 다 녹아 버렸다! 내 살이 철판 위에 올려놓은 햄버거처럼 지글거리는 것 같다. 흘끗 주위를 둘러보니 이곳에 사는 유일한 생명체는 바람에 날려 호수에 떨어진 곤충과 나뿐이다. 그리고 곤충은 오래 살아남지 못했다.

나는 이곳이 정말로 무더운 곳이라는 사실을 인정하지 않을 수 없었다. 나는 우산 밑에 몸을 숨기고 필요한 정보를 좀 얻으려고 했다. 인터넷에서 정보를 얻으려고 했지만, 노트북 컴퓨터가 녹아 버리고 말았다! 할 수 없이 가져온 책을 보기로 했다. 내멋대로 박사가 열에 대해 뭔가 도움이 될 만한 이야기를 써 놓았을지 모른다.

내가 알아낸 질병

내멋대로 박사 씀

제21장 열이 몸에 미치는 영향

너무 더운 것은 너무 추운 것에 못지않게 몸에 나쁘다. 몸은 땀을 흘리며 말라 가다가 마침내 온도가 올라가기 시작한다. 몸을 이루고 있는 화학 물질들이 분해되기 시작한다. 이 과정이 시작되는 것을 열사병이라 부른다.

내가 개업한 고통의 메아리 마을에서는 열사병 환자를 별로 볼 수 없었다. 열사병은 의학적으로 아주 흥미로운 사례이기 때문에, 이것은 몹시 유감스러웠다. 그런데 지난주에 한 얼간이가 몸에 열이 많이 난다며 찾아왔다.

"제 얼굴이 새빨개지지 않았나요?"라고 그는 물었다.

"어리석은 소리 좀 그만 해요! 당신 얼굴은 원숭이 엉덩이가 아니에요."

몸에 열이 많이 나는 얼간이

열사병에 걸리면 다음과 같은 증상이 나타난다. 고열, 구토, 두통, 갈증, 정신 착란, 피부 건조……

고열
두통
피부 건조
정신 착란
갈증
구토

열사병에 걸린 얼간이

……그러다가 의식 불명과 사망에 이르게 된다. 이제 열사병이 얼마나 무서운지 알겠지? 때로는 현기증을 느끼다가 기절을 해 의식을 잃기도 한다.

내가 군의관으로 지내던 시절, 병사들은 무더운 날씨 속에서 오랫동안 행군을 하다가 전봇대에 쿵 부딪치곤 했다. 그들은 심박동이 느려졌고; 물을 빼내지 못했다(즉, 오줌을 누지 못했다).

치료법은 시원한 장소에서 쉬면서(나는 병사들을 시원한 식품 저장고 속에 가두었다) 액체를 많이 마시는 것이다. 내가 연구한 바로는 물이 가장 쌌다. 대부분의 의사가 열사병 환자는 힘든 일을 해서는 안 된다고 말한다. 그렇지만 나는 개인적으로 열심히 일하다가 죽은 사람은 없다는 신조를 갖고 있기 때문에, 그들에게 나를 위해 감자 껍질을 벗겨 감자 칩을 만드는 일을 시켰다. 뭐, 그것도 하나의 치료법이라고 설득했거든. 하하!

"그래, 바로 그거야!" 이런 생각이 내 머리를 스쳐 지나갔다. "몸이 좋지 않은 걸로 볼 때 이건 열사병이 틀림없어!" 바로 그때, 긴 부리를 가진 과학자가 백조처럼 어슬렁거리며 지나가고 있는 게 보였다. 그들은 이곳에서 열을 연구하고 있었다. 그녀는 내게 하루에 물을 45리터씩 마시라고 명령했다. 그러지 않으면 내 몸이 말라 비틀어질 거라니! 이렇게 땀이 비 오듯이 쏟아지니 필시 그럴 것이다. 그래서 나는 가져간 음료수를 몽땅 다 마셨다. 그런데 그것은 탄산 음료였기 때문에 나는 여섯 시간 동안 계속 트림을 해댔다.

마침내 에어컨 시설이 갖추어진 모텔을 발견했다. 천국이 따로 없다! 나는 즉시 수영복으로 갈아입고 수영장으로 뛰어들어 해가 질 때까지 물 밖으로 코만 내놓고 있었다.

2~10일째

아직 건강이 완전히 회복되지 않아 나는 며칠 동안 수영장에서 머물렀다. 모텔에서는 얼음처럼 차가운 맥주와 시원한 밀크 셰이크, 64가지 맛의 아이스크림(나는 어떤 게 가장 맛있는지 알아내기 위해 전부 맛보았다) 등을 이용할 수 있었다! 설마 잡지사에서 먹는 데 쓴 비용 가지고 좀스럽게 시비를 걸진 않겠지?

방금 들어온 따끈따끈한 속보

지구가 점점 뜨거워지고 있다고 한다! 과학자들은 현재 지구 온난화 현상이 진행되고 있으며, 이것은 지구의 기후에 아주 복잡한 영향을 미칠 것이라고 생각한다. 심한 가뭄이 닥치는 지역이 있는가 하면, 홍수가 자주 발생하는 지역도 있고, 심지어 날씨가 더 추워지는 지역도 있을 것이다. 지구 온난화 현상이 일어나는 과정은 다음과 같다.

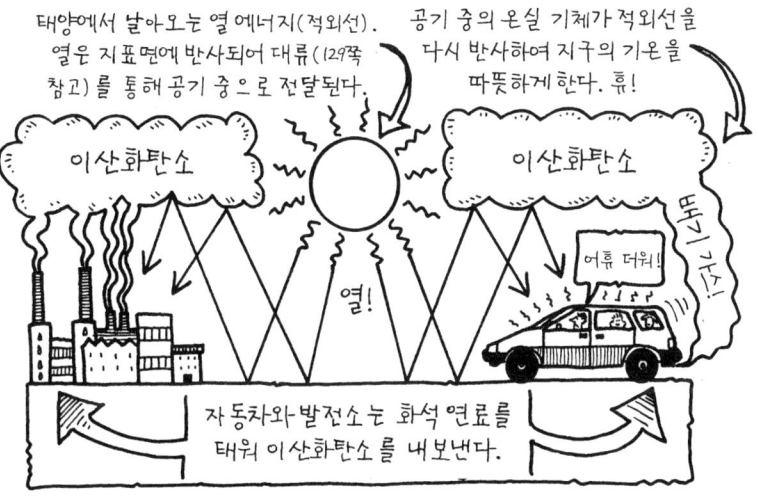

이러한 과정을 '온실 효과'라 부른다. 이산화탄소를 비롯해 온실 기체들이 마치 온실의 유리처럼 열을 가두는 작용을 하기 때문이다. 뭐, 이 이야기야 교과서를 비롯해 웬만한 과학책에 다 나오는 내용이다. 그런데 지구 온난화를 초래하는 주범인 온실 기체 중에 메탄도 포함된다는 사실을 알고 있는지?

메탄을 만들어 내는 주범 중 하나는 방귀이다. 그중에서도 특히 소와, 나무를 갉아먹고 사는 흰개미의 방귀가 큰 몫을 차지한다고 한다.

온실 효과는 심각한 문제가 되기 전에 이미 발견되었다. 그 가능성은 아일랜드 과학자 존 틴들(1820~1895)이 처음 지적했다. 틴들은 아주 환상적인 과학 선생님이었다(정말? 그런 선생님이 정말로 있단 말이야?). 런던의 왕립 과학연구소에서 한 강의에서 틴들은 에너지 과학을 이용해 첼로를 연주했는데…… 전혀 손도 대지 않고 연주했다고 한다!

나도 과학자가 될 수 있을까?

틴들은 어떻게 손도 대지 않고 첼로를 연주할 수 있었을까?

a) 레이저 광선의 에너지를 이용해서.

b) 코끼리 코에서 뿜어져 나오는 공기의 운동 에너지를 이용해서.

c) 지하실에서 피아노를 연주하는 사람에게 연결한 막대를 통해 전달된 소리 에너지를 이용해서.

> 답: ⊙ 뉴턴에 통해 판단하건대 그 수신 에너지가 발문의 값을 몽치쾃다.

 불행하게도, 틴들은 자신이 복용하던 약을 아내가 너무 많이 주는 바람에 그 독성으로 사망하고 말았다.

 다음 장에서 여러분은 지금까지 보았던 뜨거운 열도 서늘하게 느껴질 만큼 뜨거운 온도를 만나게 될 것이다. 잘 들어 보라……. 벌써 다음 장에서 탁탁거리고 이글거리는 소리가 들려오지 않는가?
 무지무지 뜨거울 테니 마음의 준비를 단단히 하라.

이글거리는 지옥의 불구덩이

어떤 물체에 열을 가하면, 세 가지 일이 일어날 수 있다.

1. 물체가 고체일 때에는 앞에서 본 뺀질이 기자의 아이스크림과 노트북 컴퓨터처럼 녹아서 액체 상태로 변한다.

2. 물체가 액체일 때에는 기체로 변한다. 물이 끓어 수증기로 변하는 것처럼.

3. 혹은 확 불이 붙을 수도 있다.

과학자들은 처음 두 가지 현상을 물질의 '상태 변화'라 부른다. 열 에너지를 가하면 원자들은 진동이 점점 더 빨라지다가 마침내 이웃 원자들에서 떨어져 나와 자유롭게 돌아다니게 된다. 그래도 원자들이 이웃 원자들에서 멀리 떨어지지 않고 함께 붙어 다니는 것이 액체 상태이고, 이웃 원자들에 전혀 상관하지 않고 자유롭게 날아다니는 것이 기체 상태이다.

그렇지만 불은 조금 사정이 다르다. 음, 과학자들은 이것을 '연소'라는 근사한 말로 표현한다.

공포의 에너지에 관한 X-파일

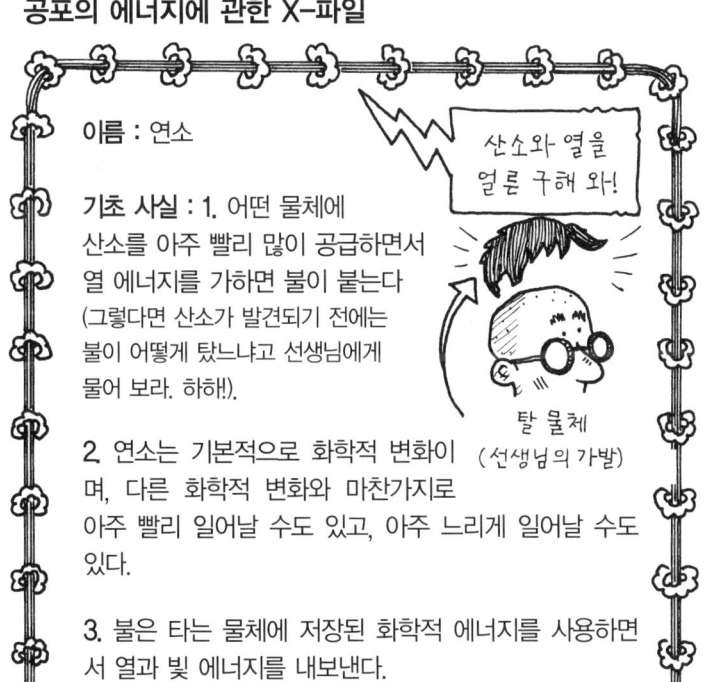

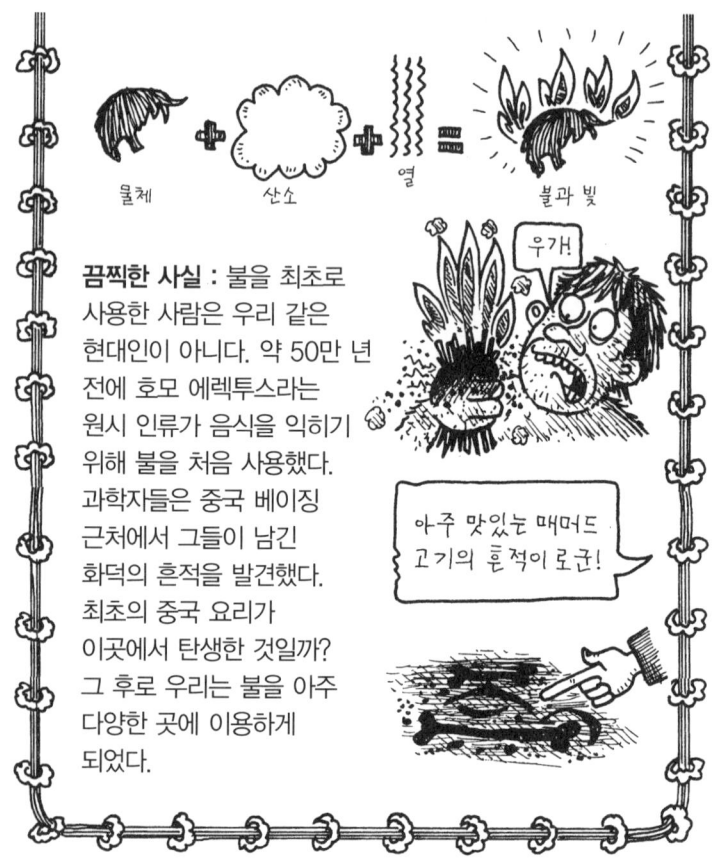

끔찍한 사실 : 불을 최초로 사용한 사람은 우리 같은 현대인이 아니다. 약 50만 년 전에 호모 에렉투스라는 원시 인류가 음식을 익히기 위해 불을 처음 사용했다. 과학자들은 중국 베이징 근처에서 그들이 남긴 화덕의 흔적을 발견했다. 최초의 중국 요리가 이곳에서 탄생한 것일까? 그 후로 우리는 불을 아주 다양한 곳에 이용하게 되었다.

불에 관한 섬뜩한 사실 다섯 가지

1. 많은 나라에서는 이단자나 마녀를 산 채로 태워 죽였다. 지롤라모 카르다노가 화형을 당할 뻔했던 이야기가 기억날 것이다. 사형 집행인이 친절을 베풀고자 한다면, 죄인의 몸에다가 피치라는 물질을 발라 주었다. 이것은 불에 아주 잘 타는 타르 비슷한 물질이라, 금방 죽게 해 주었다.

2. 영국에서는 남편을 죽이거나 은화에서 은을 긁어 낸 여자를 산 채로 태워 죽였다. 영국에서 마지막으로 화형을 당한 여성은 크리스첸 머피로, 1789년에 처형당했다. 한 목격자는 이렇게 말했다.

당연히 그랬을 것이다. 만약 남자였더라면, 그녀는 우아하게 교수형으로 삶을 마칠 수 있었을 것이다.

3. 불로 사람을 죽이는 방법에는 단순한 화형만 있는 게 아니다. 고대 중국에서는 죄인을 기름에 튀겨 죽였다. 영국 왕 헨리 8세(1490~1547)는 독살을 시도하다 잡힌 죄인을 삶아 죽이라고 명령했다.

4. 고고학자들은 서기 79년에 화산 폭발로 완전히 파괴된 고대 로마 도시 헤르쿨라네움에서 발굴된 뼈들을 조사했다. 그들은 뜨거운 기체 속에서 질식하거나 타 죽었는데, 분석 결과 그들은 아직 살아 있는 동안 뇌가 부글부글 끓었던 것으로 밝혀졌다.

5. 아무런 이유도 없이 몸이 갑자기 불타는 사람들이 있는데, 이 불가사의한 현상을 '인체 자연 발화'라 부른다. 한 가지 가능성은 방귀에 포함된 포스판이나 메탄처럼 불에 쉽게 붙는 기체이다. 그렇다면 방귀 때문에 몸에 불이 붙는다는 건가? 앞으로 방귀도 마음대로 못 뀌겠네!

이번엔 더 화끈한 질문을 던져 볼까?

나도 과학자가 될 수 있을까?

우리 몸은 600~950°C에서 불에 타지만, 인체 자연 발화를 한 일부 사람들은 주위에 그을린 흔적도 없이 자기 몸만 재로 변해 버렸다.

어떻게 이런 일이 가능할까?
a) 불이 잠깐 동안 아주 뜨겁게 타올랐다가 꺼졌다.
b) 불이 몸을 내부에서 폭발하게 만들었다.

c) 그 불은 촛불처럼 타올랐다. 즉, 높은 온도에서 몸의 지방을 녹이며 탔지만, 밖으로 퍼져 가지는 않았다.

답 : c) 다리거나 지팡이의 처음 부분이 재 속에 남아 있는 것은 비정상이다. 1986년, 발견되었다. 그 상태는 몸통의 대부분이 타고 남은 재에서 발만 멀쩡한 채로 미스터리 영상으로 남아 마치 마법처럼 불에 이유없이 타는 사람은?

★ 요건 몰랐을걸!

인체 자연 발화를 한 사람은 술을 많이 마셔서 속에서 알코올이 불탄 것이라는 주장이 나온 적도 있었다. 그래서 유스투스 폰 리비히는 시체를 알코올에 절인 다음 불을 붙여 보았다. 그렇지만 시체는 불붙지 않았다. 그 다음에는 쥐에게 술을 잔뜩 먹인 다음 불을 붙여 보았으나, 역시 불에 타지 않았다.

☠ 여러분의 건강을 위한 경고!

애완동물로 기르는 햄스터에게 술을 먹여 불을 붙이는 것은 잔인할 뿐만 아니라 위험하기까지 하다. 그런 실험을 했다간 히! 더 이상 햄스터에게 위협이 되지 않는다는 판단이 내려질 때까지 감옥에 갇혀 지내야 할지도 모른다.

나도 과학자가 될 수 있을까?

태평양에 있는 섬나라들과 인도, 일본, 그리스 등지에서는 불 위를 걷는 사람들이 있다. 그들은 640°C나 되는 이글거리는 숯불 위로 맨발로 걸어다니는데, 옷도 타지 않고 발도 전혀 데

지 않는다.

어떻게 이런 일이 가능할까?
a) 이것은 열의 전도와 관계가 있다.
b) 그들의 발바닥은 특별히 열을 잘 차단할 수 있다.
c) 마법의 도움을 받았다.

답: a) 좋을수록 타서의 이러서지 돌른르는 때문 좋은 타열의 이것들은 까닭에, 빠르게 발이 떨어서 오랫동안 닿지 않는다. 그래서 많이 뜨거워 열이 발에 잘 전달되지 않는다. 시간이 갈라진다. 주류 요 수분과 땀이 돌말로 올라와 식힌다. 시간의 땀이 발을 따뜻한 옷을 중 잘 낸다. 재처럼 아이 땀을 옷은 불이 난 건돌처럼 큰 공기 아이 떠한다. 이것은 대류에 열이 많이 발생하기 때문이다.

☠ 여러분의 건강을 위한 경고!

절대로 이것과 비슷한 행동은 하지 말 것! 여러분은 운이 나쁠 수도 있으니까!

몸이 타는 이야기가 나왔으니, 죽음의 계곡에서 간신히 살아 돌아온 빼질이 기자에게 다시 돌아가 보자. 그에게는 아직도 힘든 도전이 남아 있다. 그는 과연 뜨거운 열기에 견뎌야 하는 이번 관문을 무사히 통과할 수 있을까?

뺀질이 기자의 대모험

"마지막으로 한번 더 기회를 주지."
편집 부장이 말했다. 눈치를 보니
그녀는 속으로 부글부글 끓어오르는 것
같았다. 킥킥! 내가 그 근사한 모텔에서
실컷 먹고 마시며 즐기느라 사용한 비용 때문에
그럴 것이다.
"가서 소방대원 훈련 과정을 직접 체험하면서 기사를 써
오도록 해! 이번에는 텔레비전도, 인터넷도, 모텔도 없을
거야. 오직 몸뚱어리만 있으면 되니까."
"달랑 내 몸뚱어리만 가지고 가라고요?"
"그래. 다음 화요일까지 기사를 작성해서
내 책상에 갖다 놓도록! 안 그랬다간
새카맣게 탄 토스트보다 더 쓸모없는
직원으로 간주할 거야."
'차라리 다른 직장을 알아보러 가는 게 낫겠군.'
나는 속으로 이런 생각이 들었다.

첫째 날:
문제도 아니군! 아침에 한 일이라곤 편안한 의자에 앉아 화재 시
대처 요령에 대해 교관이 하는 이야기를 듣는 것뿐이었다.
예를 들어 감자 칩을 튀기던 프라이팬에 불이 붙는다면, 젖은
천으로 덮고 가스 레인지를 끄면 된다. 새카맣게 탄 감자 칩은
아깝지만······

점심 시간: 가만히 앉아서 듣는 것도 고역이다!
나는 매점으로 가 콩 여섯 그릇, 소시지, 달걀, 감자 칩을 사 먹었다.
원래 소방대원들은 먹는 걸 좋아한다.
음, 배가 부르니 기분이 좋군!

오후 : 오후가 되니 메슥거리는 이야기가 많이 나왔다.
교관은 여러 가지 화상에 대해 이야기하기 시작했다.
화상을 입으면 흐르는 찬물로 화상 부위를 식히는 게
좋고, 화상이 심하면 병원으로 가 치료를 받아야 한다.
교관은 우리에게 화상 부위를 찍은 사진들을 보여
주었다. 피부가 홀라당 다 타 버린 사람의 사진은
너무나도 끔찍했다. 상처를 향해 피가 많이 흘러가다
보면 심장과 신장이 멈출 수도 있다.
그 다음에는 불에 타 죽은 사람들의 사진을 보여 주었다.
음, 다른 사람들과 마찬가지로 나도 눈을 꼭 감았다.
불에 탄 시체를 누르다 보면 창자가 흘러나오기도 하고, 팔이나
다리가 떨어져 나가기도 한단다.
욱! 기분 전환이 좀 필요하다.
나는 매점으로 가 무엇이 있나
쭉 둘러보았다. 그때, 소시지가 눈에 들어오는 게 아닌가!
나는 입을 막고 허겁지겁 그곳을 떠났다. 구역질이 나는 걸
간신히 참았다.
"이런! 이런! 세상에 이렇게 지독한 교육도
다 있을까!" 나는 이렇게 생각했지만, 그것은
약과였다. 교관은 내일 우리가 실제로 불타는
건물 안에서 살아남을 수 있는지 직접 훈련을 할 것이라고
말했다. 이런 황당한 일이 다 있나! 교육을 계속 받으면 불에
타 죽고, 교육을 포기하면 목이 잘린다!

이틀째 :
오늘은 시작부터 일진이 좋지 않았는데, 그나마 하루 중 가장
나은 시간이었다. "가장 큰 위험은……" 교관이 말했다.
"섬락이다! 주변의 모든 물체가 발화 온도까지 가열되어 일시
에 화염이 치솟는 걸 말하지. 순간적으로 열이 1000°C로 치솟는
상황을 상상해 보라. 그 속에서는 여러분의 옷과 살이 홀라당
타 버리고, 뼈가 앙상하게 드러날 것이다."

그 정도 열기라면 호스에서
내뿜는 물줄기도 금방 증기로
변하고 만다."
나는 그 상황을 상상하다가 그만 눈을 감고
먹는 걸 생각하기 시작했다. 이상하게도 난
먹는 걸 생각하면 마음이 진정되고 행복해진다.
그런데 웬일이야! 왜 하필이면 불타는
크리스마스 푸딩이 떠오르느냔 말이다!
한참 동안 기다리고 화장실을 열 번이나 왔다 갔다
한 다음에 마침내 내 차례가 되었다. 그곳에는 실제 크기의
건물이 서 있었는데, 그들은 거기다가 불을
지를 것이다. 나는 침실로 들어갔다.
"문을 닫아!" 교관이 확성기로 소리를
질렀다. 나는 지시대로 문을 닫았지만,
문틈으로 연기가 새어
들어오기 시작했다.
"젖은 수건으로 문틈을 막아!"
교관이 또다시 소리를 질렀다.
수건이 눈에 들어왔지만,
그것은 말라 있었다.
그래서 도움을 요청했다.
"세면대에 수도 꼭지가 있을 거야!"
"보이지가 않아요. 연기가 너무 자욱해요!"
내가 소리쳤다. 그것은 사실이었다.
내 손가락도 보이지 않았으니까. 그렇지만 나는 수도 꼭지를
찾아냈고, 수건에 물을 적셔 문틈에다 끼웠다.
그 다음에는 내 몸을 적셨다. 그래야 내 몸이
불타는 것을 막을 수 있을 테니까.
"이제 건물에서 나와, 뺀질이!" 교관이
소리쳤다.
철벅철벅!

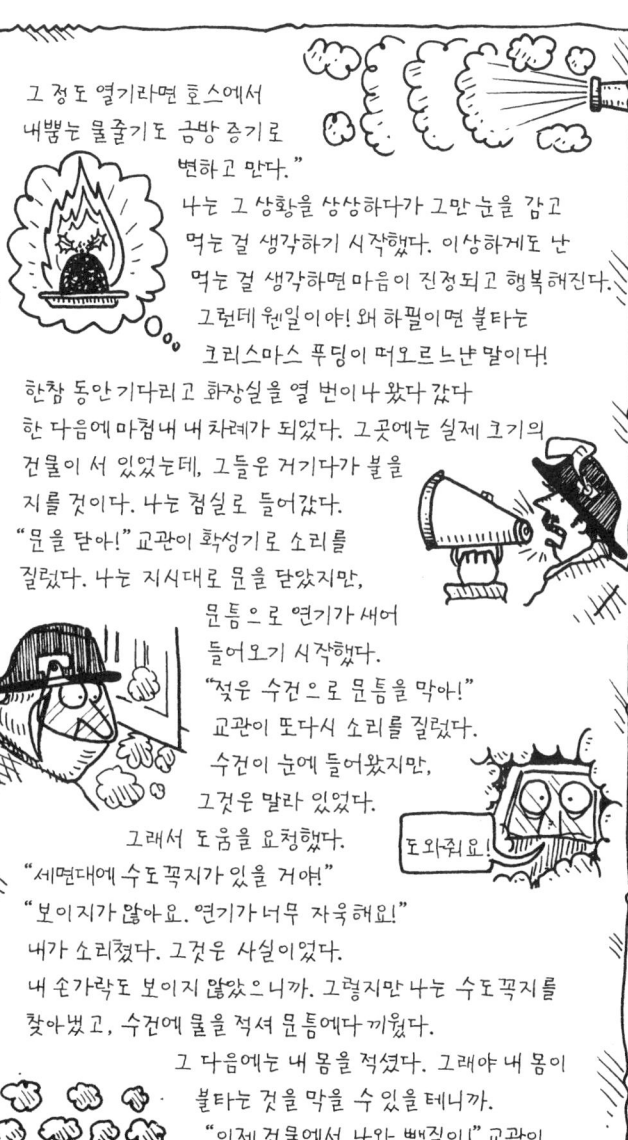

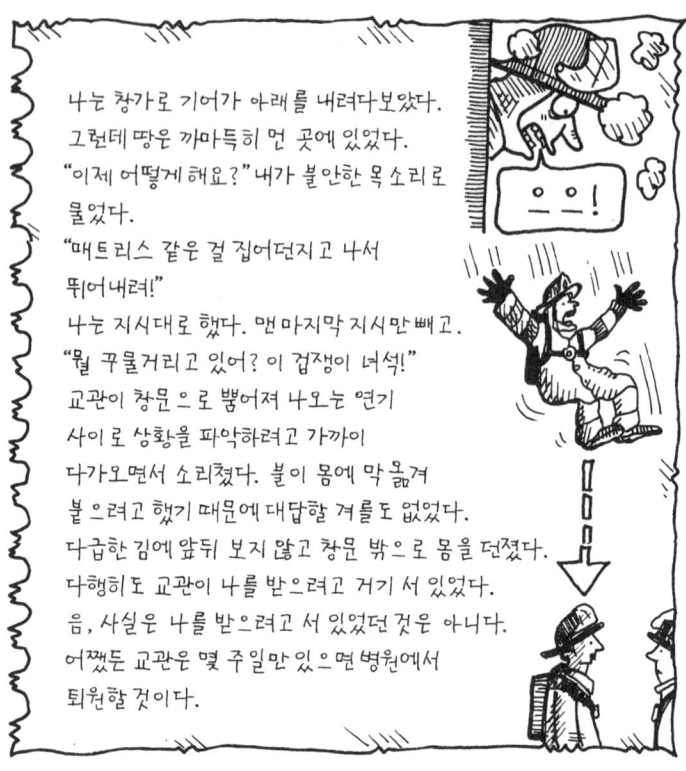

나는 창가로 기어가 아래를 내려다보았다. 그런데 땅은 까마득히 먼 곳에 있었다.
"이제 어떻게 해요?" 내가 불안한 목소리로 물었다.
"매트리스 같은 걸 집어던지고 나서 뛰어내려!"
나는 지시대로 했다. 맨 마지막 지시만 빼고.
"뭘 꾸물거리고 있어? 이 겁쟁이 녀석!"
교관이 창문으로 뿜어져 나오는 연기 사이로 상황을 파악하려고 가까이 다가오면서 소리쳤다. 불이 몸에 막 옮겨 붙으려고 했기 때문에 대답할 겨를도 없었다. 다급한 김에 앞뒤 보지 않고 창문 밖으로 몸을 던졌다. 다행히도 교관이 나를 받으려고 거기 서 있었다. 음, 사실은 나를 받으려고 서 있었던 것은 아니다. 어쨌든 교관은 몇 주일만 있으면 병원에서 퇴원할 것이다.

더욱 뜨거운 불

섬락보다 더욱 나쁜 상황은 화염 폭풍이다. 이것은 태풍과 같은 거대한 힘으로 주변에서 공기를 빨아들이는 거대한 불기둥으로, 사람까지 빨아들인다. 온도는 800°C까지 이르러 유리나 납도 녹일 만큼 뜨겁다. 이 정도 열기면 옆에 있는 집도 뜨거워져서 불이 옮겨 붙기 쉽다. 그리고 불기둥이 주변의 공기를 모두 빨아들이기 때문에, 불에 타 죽지 않더라도 질식해 죽게 된다.

그러나 화염 폭풍은 여러분이 상상할 수 있는 가장 뜨거운 온도는 아니다. 우리의 다정한 이웃이 매일 보내 주는 따뜻한 열에 비하면 이것은 아무것도 아니다.

공포의 에너지에 관한 X-파일

이름 : 태양 에너지

기초 사실 : 1. 태양 에너지는 중력에서 나온다. 태양 중심부에서는 중력이 수소 원자들을 강하게 압축시켜 헬륨 원자로 융합시킨다.

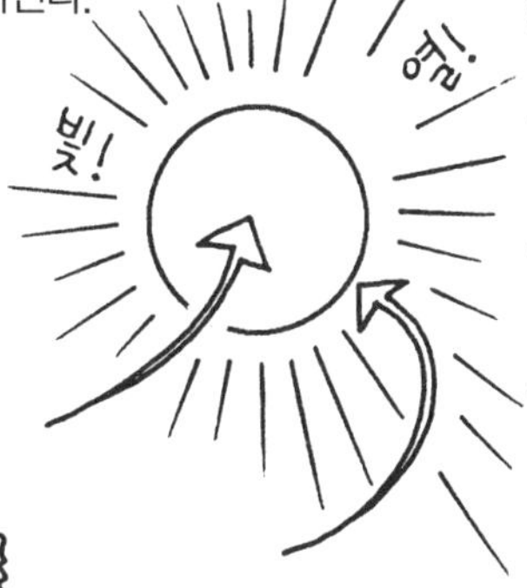

2. 이 핵융합 과정에서 엄청난 양의 빛과 열이 나온다. 태양 중심부의 온도는 약 1500만 °C나 되며, 표면 온도는 그보다 훨씬 낮은 5530 °C이다.

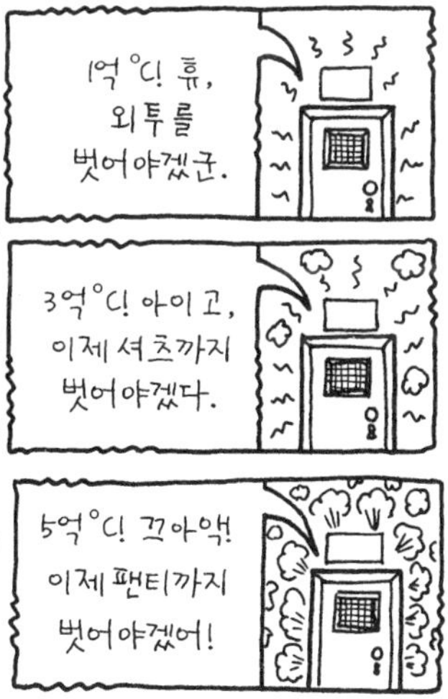

3. 그러나 그 정도 온도는 아무것도 아니다. 1994년, 미국 프린스턴 대학의 과학자들은 태양과 똑같은 방법으로 전기를 생산하려고 시도했는데, 그 과정에서 5억 1000만 °C의 온도를 얻었다. 이것은 태양 중심부보다 30배나 더 높은 온도이다! 그 실험을 한 과학자들은 정말 더위에 강한 사람들인가 보다.

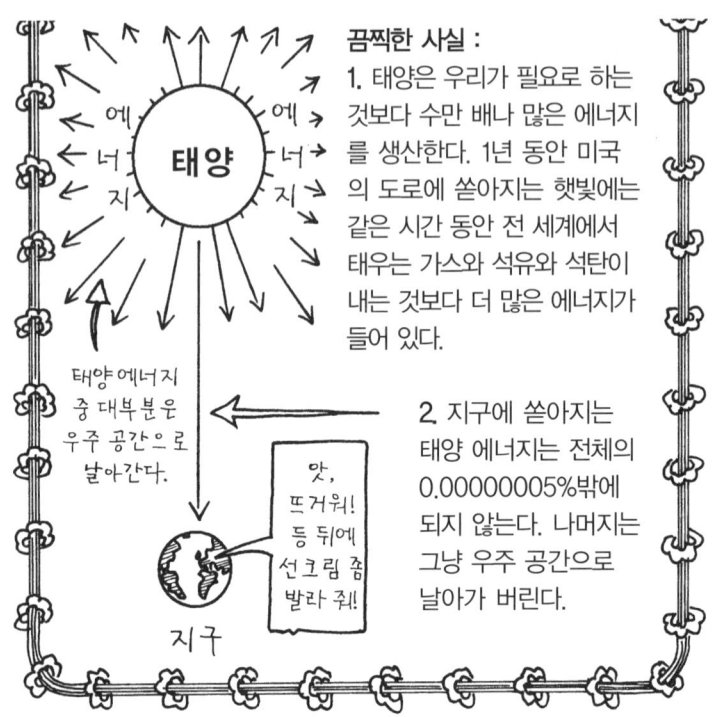

태양은 우주에서 특별히 뜨거운 곳인가?

별로 특별하진 않다. 보통 은하에는 태양 같은 별이 1000억 개 정도 존재한다. 그리고 그런 은하가 우주에는 최소한 1000억 개나 존재한다. 정말로 어마어마한 에너지를 보고 싶다면, 빅뱅이 일어나던 순간으로 가 보는 게 어때? 빅뱅은 약 150억 년 전에 우주가 시작되던 순간을 말한다.

현재 우주에 존재하는 모든 에너지가 원자보다 훨씬 작은 점 속에 빽빽하게 모여 있었다. 그것은 너무나도 뜨거워서 온도가 얼마인지조차 가늠할 수 없다. 시간이 좀 지나 우주의 온도가 상당히 내려간 뒤에도 그 온도는 여전히 1만×100만×100만×

100만×100만 °C나 되었다. 우리가 당시에 살지 않은 것이 천만다행이다. 그랬더라면 전자 레인지 속에 집어넣은 초콜릿 같은 신세가 되었을 것이다. 한편, 그 작은 점은 점점 커져 가기 시작했는데, 커지고 커지고 커졌는데도…… 아직도 멈추지 않고 계속 커져 가고 있다. 이것이 바로 우리가 살고 있는 우주이다!

빅뱅 직후에 태어난 우주의 크기를 나타낸 것

열역학 제1법칙을 기억하고 있지? 에너지는 없어지지 않으며, 열은 운동 에너지로 변할 수 있다는 법칙 말이다. 동물의 에너지이건 전기 에너지이건 여러분의 근육에 들어 있는 에너지이건 간에 여러분이 생각할 수 있는 모든 에너지는 빅뱅과 함께 생겨났다. 그리고 매일 밤 우리는 텔레비전에서 빅뱅의 흔적을 볼 수 있다. 정말이라니까! 여러분도 직접 볼 수 있다!

직접 해 보는 실험 : 텔레비전에서 빅뱅의 흔적을 보는 방법

준비물 :
텔레비전
실험 방법 :
1. 텔레비전을 켠다.
2. 전파를 내보내는 방송국이 없는 채널을 튼다.

어떤 사실을 알 수 있는가?

a) 화면에 괴상한 외계인이 나타난다.

b) 화면에서 수많은 작은 빛의 점들이 춤을 춘다.

c) 폭발하는 것처럼 보이는 기묘한 형태가 나타난다.

> 답 : b) 이 들뜬 마이크로파가 다름 아닌 빅뱅을 일으키는 초기 팽창 직후 마이크로파 배경복사가 그 뒤에 윤곽을 나타낸다. 마이크로파 배경에 떠도는 작은 변화는 이야기시까지 모양 점들 속에서 이 점들이 어 낸다. 그것이 별과 은하처럼 우주의 커다란 구조를 배태한다. 그 밖의 다른 파장에서는 이 균일한 배경 복사를 볼 수 있으며, 그 궁극적인 기원은 빅뱅 직후의 매우 고온 고밀도 상태에 있다. 그러므로 비디오에서 잡음처럼 보이는 것의 상당 부분은 빅뱅에서 비롯된 빛 점들이 춤추는 이야기를 한다.

잠깐만요! 9쪽에서 우주의 운명에 대해 이야기하겠다고 하지 않았나요?

10장쪽에 나왔던 그 똑똑한 독자

오, 하마터면 잊어먹을 뻔했군! 그거야 뭐 조금 귀찮긴 하지만, 우주의 궁극적인 운명은……

> 이런! 독자 여러분, 죄송! 이 장은 더 이상 여백이 부족하군요! 다음 장을 계속 읽기 바란다.

에너지의 종말?

에너지는 모든 곳에 존재한다. 지저귀는 새의 노랫소리에도, 살랑거리는 풀의 움직임에도 에너지가 있다. 에너지는 우리를 따뜻하고 편안하게 해 주지만, 무서운 화염이 되어 살인 괴물로 변하기도 한다. 이 책을 한 장 넘길 때에도 에너지가 관여하며, 주전자에서 뿜어 나오는 증기에도 에너지가 들어 있다. 에너지는 우주의 맥박이며, 에너지가 없다면 우주는 죽은 것이나 다름없다.

빅뱅과 열역학 법칙은 우주의 운명에 대해 단서를 제공한다. 특히, 열역학 제2법칙에는 불길한 예언이 담겨 있다. 스코틀랜드 과학자인 제임스 클러크 맥스웰(1831~1879)은 그것을 다음과 같이 요약했다.

그럴듯하지 않은가? 이 말이 믿어지지 않는다면, 다음에 바다에 갔을 때 직접 실험해 보라.

맥스웰이 이야기한 것은 시간이 지날수록 우주의 혼란과 무질서도가 커져 간다는 뜻이다. 컵 속에 있던 물이 바닷물과 섞이면, 그것이 다시 바다에서 나와 컵 속으로 들어가지는 않는다. 엎질러진 물은 도로 담을 수 없다는 속담이 있지 않던가? 여러분의 방을 한번 생각해 보라. 물론 엉망으로 어질러져 있겠지? 엄마가 청소해 주지 않는 한, 방이 저절로 깨끗이 정리가 되는 일이 있는가?

이번에는 에너지를 한번 생각해 보자. 우주는 모든 에너지가 한데 모여 있는 아주 작은 점에서 출발했다. 그러나 지금은 뜨거운 별들과 차가운 공간이 난장판으로 널려 있는 장소로 변하고 말았다. 그리고 그것은 점점 더 엉망으로 악화돼 가고 있다. 열역학 제2법칙은 에너지가 항상 열의 형태로 쓸모없는 에너지로 변해 가고 있다고 말한다. 그렇다면 이 모든 열 에너지는 결국 어디로 갈까?

그 답도 열역학 제2법칙이 제시한다. 열은 항상 더 차가운 곳으로 흘러간다. 그러니까 결국에는 우주 공간으로 퍼져 간다는 이야기다.

일단 우주 공간으로 흘러간 에너지는 아무도 되돌릴 수 없다. 영원히, 다시는.

그렇다면 언젠가는 우주에 존재하는 모든 에너지가 열로 변해 우주 공간으로 흘러가고 말 것이다. 별들도 촛불처럼 가물거리다가 꺼져 갈 것이고, 행성들은 얼어붙어 죽어 갈 것이다. 결국에는 먼지 같은 별과 행성의 잔해도 열로 변해 우주 공간으로 사라져 갈 것이다.

우주는 캄캄한 허공 속에 작은 원자들이 정처 없이 흘러 다니는 아주 차가운 장소로 변할 것이다. 시간은 흘러도 아무것도 변하지 않고, 어떤 일도 일어나지 않을 것이다. 그것은 텔레비전도 고장 난 비 내리는 겨울날보다 더 처량할 것이다.

차이점을 찾아보세요!

우주의 종말   불 꺼진 과학 시간

그리고 결국에는 에너지가 바닥난 상태에 이르러 우주는 죽고 말 것이다(그 전에 지루함으로 죽지 않고 살아남는다면).

그렇지만 밝은 면을 바라보자. 무엇보다도, 이번 주말까지는 그런 일이 일어나지 않을 것이다. 과학자들은 그런 일이 일어나기까지는 1000000000000000000000000000000년(1000×10억×10억×10억 년)이 걸릴 것이라고 말한다. 그 전에 열 에너지를 도로 유용한 에너지로 돌릴 수 있는 방법을 찾거나 근사한 새 우주를 발견할 수 있을지도 모른다.

아니면 새로운 종류의 에너지를 발견할 수도 있다. UFO가 외계인의 우주선이라고 믿는 사람들은 UFO가 일종의 반중력을 이용해 날아간다고 주장한다. 반중력은 아직까지 우리가 알지 못하는 에너지이다. 그렇다면 언젠가 이런 날이 올지도 모른다.

★ 요건 몰랐을걸!

1878년, 발명가 토머스 에디슨(847~1931)은 공중에 둥둥 떠다닐 수 있는 반중력 속옷을 발명하려고 했다.

당시에 그려진 아래 그림을 보면, 아빠가 공중에 떠 있는 아이들을 자전거로 끌고 있다. 어때? 둥둥 떠서 학교에 간다면 신나겠지?

지금 지구는 석유와 가스 에너지 자원이 바닥나고 있으며, 온실 효과 때문에 뜨거워지고 있다. 언제나처럼 과학자들은 여러 가지 해결책을 제시한다. 그러나 어떤 방법을 선택하든 간에, 결국에는 태양열이나 지열, 풍력, 파력 같은 재생 가능한 에너지를 사용하지 않을 수 없을 것이다. 이러한 에너지는 화석 에너지처럼 금방 바닥나지도 않고, 지구 온난화를 초래하는 온실 기체를 배출하지도 않는다.

그러나 세계 인구가 점점 늘어나고, 점점 더 많은 사람들이 여행을 많이 함에 따라 에너지 수요는 갈수록 늘어나고 있다. 그래서 미래의 에너지 문제를 해결할 수 있는 몇 가지 가능성을 다음에서 제시하고자 한다.

슈퍼 태양 위성 발사 성공!

과학자들은 거대한 인공위성이 태양 주위의 궤도를 돌게 된 데 대해 흥분을 감추지 못하고 있다. 이 인공위성은 태양 에너지를 얻어 마이크로파의 형태로 지구로 보낼 것이다. 한 과학자는 흡족한 표정으로 이렇게 말했다. "이제 에너지 걱정은 안 해도 돼요."

행성 간 탐사선을 추진하는 똥!

행성 간 우주 탐사선을 움직이는 에너지는 우주 비행사의 똥을 먹고 사는 세균에서 나온다는 사실이 오늘 공개되었다!

미국 미시건 주립대학의 과학자들은 2000년에 이 연구를 시작했다. 한 과학자는 이렇게 말했다. "이 계획은 비록 냄새가 고약하긴 하지만, 아이디어 하나는 정말 기발하지 않습니까?"

슈퍼 전지로 달리는 자동차!

2000년에 미국 펜실베이니아 대학의 과학자들이 발명한, 작은 연료 전지로 달리는 1000만 번째 자동차가 생산되었다! 슈퍼 전지는 전기를 만들어 내어 자동차를 움직이는데, 전기를 생산하는 연료로는 아주 다양한 물질을 사용할 수 있다. 한 자동차 전문 기자는 슈퍼 전지를 한 번 갈아 끼우면 수만 km를 달릴 수 있다고 말한다.

한 가지는 확실하다. 과학자들은 에너지를 이해하기 위해 오랫동안 많은 노력을 기울여 왔다. 그리고 언젠가 우리는 공포의 에너지를 영원하면서도 좋은 에너지로 바꿀 수 있는 방법을 찾아낼 것이다.